LE LIVRE
de
LA VIE MACROBIOTIQUE

avec une Méthode d'Éducation

DU MÊME AUTEUR

Ouvrages en français

— Le Principe Unique de la Science et de la Philosophie
  d'Extrême-Orient (Vrin, Paris, 1989, 3e édition)
— Le Livre des fleurs (Vrin, 1990, 2e édition)
— L'Acupuncture et la Médecine d'Extême-Orient
  (Vrin, Paris, 1998, 2e édition)
— Le Livre du Judo (CIMO, Paris, 1989)
— La Philosophie de la Médecine d'Extrême-Orient
  Le Livre du Jugement Suprême
  (Vrin, Paris, 1997, 3e édition)
— Jack et Madame Mitie en Occident
  (Vrin, Paris, 1991, 2e édition)
— L'Ére atomique et la Philosophie d'Extrême-Orient
  (Vrin, Paris, 1989, 2e édition)
— Le Zen macrobiotique ou l'art du rajeunissement
  et de la longévité (Vrin, Paris, 1993, 2e édition)
— Le Cancer et la Philosophie d'Extrême-Orient
  (Vrin, Paris, 1991)
— 4 000 d'histoire de la Chine
  (Vrin, Paris, 1998, 2e édition)
— Le livre de la vie macrobiotique (Vrin, Paris, 1985)
— Les Deux Grands Indiens au Japon (Vrin, Paris, 1998)
— Clara Schumann et la dialectique du Principe Unique
  (Kusa, Gent, 1981)
— Gandhi, Un enfant Eternel (Trédaniel, Paris, 1982)

———

— La Santé et la macrobiotique par Françoise Rivière.
  Complément du Zen macrobiotique
  (Vrin, Paris, 1996, 3e édition)

Georges OHSAWA
(Nyoiti SAKURAZAWA)

LE LIVRE
de
LA VIE MACROBIOTIQUE

avec une Méthode d'Éducation

PRÉSENTÉ ET TRADUIT DU JAPONAIS
PAR
CLIM YOSHIMI

PARIS
LIBRAIRIE PHILOSOPHIQUE J. VRIN
6, PLACE DE LA SORBONNE, Vᵉ

© *Librairie Philosophique J. VRIN,* 1985
Imprimé en France
ISBN 978-2-7116-4137-6
www.vrin.fr

AVANT-PROPOS DU TRADUCTEUR

Nombreux sont ceux qui dans le monde cherchent la Vérité. Mais peu nombreux sont ceux qui l'enseignent, et même parmi ces derniers beaucoup sont dans l'erreur. Ils font étalage de connaissances incompréhensibles, mystiques, insaisissables pour les gens ou inutiles pour la vie pratique. Rare est le Vrai.

Georges OHSAWA, lui, fut celui qui parla du Bonheur éternel, de la Liberté infinie et de la Justice absolue. Non seulement il parla du Principe Cosmologique mais il enseigna sa méthode pratique applicable dans la vie quotidienne et c'est ainsi qu'il fit tant de pratiquants dans toute l'Europe ainsi qu'aux États-Unis et dans les pays d'Extrême-Orient. Aujourd'hui le mouvement de cette révolution de l'humanité a créé d'innombrables groupements dans le monde entier. Le point de départ de cette révolution est l'établissement de la santé individuelle par l'alimentation quotidienne, et Georges OHSAWA nomma cette méthode pratique : « LA MACROBIOTIQUE ». Ce livre expliquera donc ce qu'est la Macrobiotique et comment la pratiquer.

Bien que l'expérience de l'auteur expose sur plus de cinquante ans un large développement théorique en même temps que pratique, l'essence philosophique, elle, se fixe solidement à une logique universelle : l'ORDRE DE L'UNIVERS.

La Vérité du grand Univers d'il y a des milliers d'années est toujours la même Vérité même de nos jours. Son Principe Unique est une nouvelle interprétation du Principe Unique d'il y a cinq mille ans. Ainsi ce que l'Auteur enseigna il y a trente ans ne se différencie pas de ce qu'il a écrit au dernier moment de sa vie en 1966. Ce sera la constatation que pourront faire les lecteurs en lisant ce livre.

Il y a déjà vingt ans que j'ai lu « le livre de la Vie Macrobiotique » en japonais. Depuis, ce livre me donna toujours des suggestions convenables aux problèmes de ma vie macrobiotique. Certainement je l'ai lu au moins trente fois.

La traduction de cette œuvre a été dernièrement partiellement publiée dans les revues macrobiotiques parisiennes, et a eu beaucoup de succès dès sa parution. Je suis donc sûr que de même que le livre originel a été indispensable aux Japonais pour pratiquer la Macrobiotique de même il le sera aux Français désireux de pratiquer cette même Macrobiotique.

Le livre de la Vie Macrobiotique fut écrit en 1937 mais il parut seulement en 1947 certainement à cause de la guerre, durant laquelle l'auteur étant pacifiste connut la prison. C'est en 1966 qu'il écrivit « l'Éducation de la Volonté ». C'est un rapport expérimental de son mouvement Macrobiotique en même temps que son auto-éducation durant cinquante-quatre ans et qui est finalement devenu son testament. Par ces deux œuvres les lecteurs connaîtront : le but de l'auteur (qui demeura constant durant toute sa vie) ; son Principe Philosophique et sa conclusion finale.

L'auteur n'a jamais disposé d'assez de temps. Il a écrit dix ouvrages en français à côté de trois cents en japonais. Il a vécu plus de dix ans en France et aucun Japonais n'a mieux que lui connu et compris l'Occident et les

Occidentaux parmi lesquels il s'était fait tant d'Amis. C'est pourquoi il n'y a pas de doute qu'il aurait écrit en Français un peu différemment ces deux œuvres écrites en japonais. A ce propos on devra demander aux lecteurs une grande compréhension pour le grand nombre de citations japonaises que contient ce livre et compter sur la sagesse des lecteurs pour saisir l'idée de l'auteur et l'appliquer à l'occidentale.

Par ailleurs, l'auteur avait l'habitude de demander aux gens de lui faire connaître leurs critiques les plus franches sur ce qu'il exposait et il les acceptait toujours avec joie et reconnaissance. Il serait donc très heureux si vous trouviez des erreurs évidentes de les corriger et de les faire développer en de nouvelles théories.

Enfin, je témoigne ma grande reconnaissance auprès des amis qui n'ont pas hésité à m'aider à la correction de cette traduction.

Clim. Yoshimi,

Paris, le 18 novembre 1969.

JE SUIS LE SOLEIL

Je suis le soleil.

Tant qu'il y a de la lumière du soleil, de l'eau, de l'air, l'homme naît, grandit, médite, agit, établit des civilisations et crée les arts, les religions, les sciences et une vie amusante. (Celui qui produit les maux, les guerres, les maladies, les soucis, les crimes, est celui qui a oublié les merveilles de la lumière du soleil, de l'eau et de l'air, celui qui les a trop absorbés. Il est celui qui a cherché toute la vie la lumière du soleil glacé — le diamant et le rubis, qui a collectionné de l'eau glacée et morte — le cristal et le marbre, qui a trop mangé ou s'est trompé dans les proportions de l'air pétrifié — carbone et ses composés, hydrates de carbone, protéines, graisse.

L'homme peut vivre heureusement, joyeusement,
Tant qu'il y a du soleil, de l'eau et de l'air.

Demandez, si vous ne le croyez pas, aux moineaux dans les buissons, aux corbeaux dans la forêt, aux lapins de la montagne !

Même les puces, les poux, les chenilles,
Ne vivent-ils pas joyeusement ?

Ils ne cultivent pas les rizières, ne font pas pousser de légumes avec des engrais chimiques, ne produisent pas de pastèques sans pépins, ne dépensent pas d'argent pour les vergers, ne tuent pas les bêtes avec de la poudre insecticide. A plus forte raison, ils ne marchent pas comme des salariés prisonniers de l'argent.

Les oiseaux, ainsi que les bêtes sauvages, les puces, les vers intestinaux, les microbes tuberculeux ne font tous que s'amuser heureusement.

Il n'y a que les enfants du soleil, de l'eau et du vent !

Or, l'homme seul craint les maladies, les guerres, les contrebandes, les agresseurs, les dictateurs et le tonnerre.

De plus, il fabrique des bombes atomiques et à l'hydrogène pour se massacrer. Il fabrique aussi des médicaments, construit des hôpitaux, forme des églises et apprend aux bonzes à torturer au moment même de la mort et les cérémonies à faire après la mort.

Je suis le soleil.

Je suis l'eau.

Je suis l'air.

Toutes les matières et les énergies viennent du soleil.

Je vis,

C'est que je mange l'énergie du soleil !

Le sol, l'eau, l'air ne forment qu'une partie d'un astre, la terre. Cette terre est la plus jeune sœur du soleil.

Le riz, le millet, le sarrasin, le blé, l'orge ainsi que les radis, la bardane, les carottes, les épinards, le cresson, toutes les herbes, tous les grains, toutes les racines, ne sont-ils pas les fantômes du sol, du soleil, de l'eau ?

L'homme, c'est le fantôme des feuilles, des grains et des racines, des végétaux.

Vous êtes le fantôme de la bardane, de la carotte, du navet ou de la pomme de terre.

Mon cher homme !

Votre amour, votre bien aimé est le fantôme des végétaux !

Votre ami, votre femme, votre enfant, les plus aimés sont les visions que la lumière du soleil, l'eau, l'air produisent !

Les végétaux se tuent pour devenir l'homme, l'oiseau et l'animal.

La terre se tue pour devenir les végétaux.

La lumière du soleil se tue pour donner naissance aux végétaux, à l'homme, aux animaux, et pour les élever, pour les faire agir et méditer.

Qu'est-ce que l'homme crée de sa vie ? Qu'est-ce qu'il devient finalement ?

L'argent ? (il est avare).

La réputation ? (Est-il un assassin qui a tué un million de soldats ? L'inventeur de mort qui a inventé la dynamite ? l'éducateur qui a produit un million d'esclaves !)

La femme ? (alors, tu es un complice de la femme qui a ruiné la famille et le pays).

La puissance ? (C'est la violence. Les orgueilleux ne vivent qu'un petit instant. Les violents se ruinent sans tarder).

Tout cela n'est-il pas ce que n'importe quel animal ne regarde même pas ?

Ce que l'homme crée dans sa vie,

C'est la Liberté infinie,

C'est le Bonheur et l'Amour Éternels,

C'est la Justice absolue,

La Justice absolue est l'esprit du soleil,

La Liberté infinie est un autre nom de l'air,

Le Bonheur et l'Amour Éternels sont la métamorphose de l'eau.

L'Orchestre de cette Liberté, de ce Bonheur, de cet Amour et de cette Justice, c'est la Santé.

Et le clavier du piano qui compose cette santé, c'est

la feuille, les grains, les racines des sept herbes des champs, les sept algues de la mer et de la rivière, et tous les végétaux.

Il y a seulement sept tons dans une octave, mais plusieurs octaves peuvent reproduire toutes les musiques.

A partir de la symphonie de la joie jusqu'à la marche funèbre,

De la marche jusqu'à la sérénade, la mélodie folle...

Il y a sept herbes des champs du printemps.

Même l'automne, l'été, l'hiver, elles sont toujours là.

Choisissez, ramassez-les et jouez les mélodies de votre vie.

La mélodie de la joie, de la tristesse,

de la colère, du plaisir,

de la souffrance, de la gratitude,

du désespoir et de la création grandiose,

Voici la méthode pour ces compositions.

LA MACROBIOTIQUE ....

LE LIVRE
DE LA VIE MACROBIOTIQUE

―――――――

AVANT-PROPOS

J'ai vraiment honte d'intituler ce livre, « Le Livre de la Vie Macrobiotique », je n'ai aucune qualité pour parler de la culture de l'esprit, ni l'intention même de le faire dans ma vie.

Je raconte seulement mes expériences à propos de la nourriture. C'est en d'autres termes, un peu comme confesser que j'étais beaucoup plus gourmand que les autres.

Je suis gourmand. Je suis tellement gourmand et goinfre que j'en suis stupéfait et affolé. Quant à la gourmandise, je suis sûr de pouvoir battre qui que ce soit. Même à mon âge à présent, je ne le cède à personne. C'est pourquoi je connais exactement les maux de la nourriture, plus que les autres. J'ai publié la confession sanglante de ma gourmandise dans une revue, « La Macrobiotique », il y a dix ans. J'ai un estomac incroyablement fort.

Je pense même qu'on ne peut pas réaliser une grande œuvre sans être un glouton. Bien que je croie qu'on est malheureux si l'on n'est pas capable de manger tant et tout ce qu'on veut, librement, j'aurais dû rater ma vie avec grand regret comme beaucoup de gens ignorants qui ont démontré personnellement le proverbe éternel suivant : « La bouche est la cause de tous les maux », en terminant ma vie tragiquement, si je n'avais pas connu la Macrobiotique, à un pas d'une mort misérable, après avoir répété mes assauts sur la nourriture comme les petits insectes qui se brûlent au feu et cette fois-ci, je suis devenu grâce à la Macrobiotique, une personne qui peut rendre le corps et l'âme de plus en plus sains en mangeant tout ce que je veux, tant que je veux, n'importe quand et librement, et qui peut ainsi obtenir le plus grand bonheur dans la vie. Je vais raconter ici toutes ces expériences.

J'ai vu beaucoup de gens malheureux. Moi-même j'étais une de ces personnes. Tous les jours, même à présent, je donne des consultations à beaucoup de gens. Quand ils écoutent mes expériences, et pourvu qu'ils m'imitent, ils échappent sans faute à leurs difficultés. En les observant, je reconnais et approfondis de plus en plus la grandeur de l'efficacité de la Macrobiotique.

Par exemple, j'ai posé la question à une dame qui s'était assise devant moi à une conférence :

« N'avez-vous jamais été séparée de votre mari ? »

La dame m'a répondu le visage triste :

« Oui, ... Je suis séparée de mon mari depuis près de 30 ans. » C'est dire que cette personne a mangé les nourritures choisies qui causent la séparation. Puisqu'elle a aimé les nourritures Yin comme le sucre, les fruits, elle est devenue frileuse, frigide et stérile et enfin une femme qui n'aime pas l'homme. Elle a été abandonnée par son mari et a eu une vie malheureuse.

Le visage de l'homme est une liste détaillée de sa nourriture depuis l'époque embriologique. MIZUNO NAMPOKU, le fondateur de la physiognomonie japonaise a répondu nettement lorsqu'on lui a demandé ce qu'il fallait étudier et comment il fallait l'étudier pour assimiler le secret de la physiognomonie :

« On n'a qu'à étudier et assimiler la nourriture de l'homme ».

J'ai appris, avant que je ne m'en aperçoive, à lire la nourriture sur le physique de l'homme. C'est vraiment embarrassant. Dès que je vois une personne, elle me paraît comme une nourriture, quelquefois fruits, quelquefois lait ou œufs, quelquefois bifteck, chocolat, etc... Quand je connais les aliments qu'elle a absorbés jusqu'à aujourd'hui, je comprends sa vie passée, sa situation, son économie, ses idées... Ainsi je comprends aussi sa mentalité, son caractère, sa spiritualité. Je comprends de même quel genre de maladie elle a et à quel organe ; à quelle époque elle a attrapé la maladie vénérienne ; si sa matrice est rétroversée ou non, à quel degré sa menstruation est anormale, etc... En un mot, je comprends si elle est heureuse ou malheureuse.

Récemment, j'ai rencontré un étranger. Il est venu au Japon pour diffuser une certaine grande religion. Toutefois, j'ai aperçu un très malheureux signe sur son sourcil. C'était une personne qui aimait beaucoup une certaine nourriture nuisible, qui est surtout interdite dans cette religion. J'ai compris ainsi sa supercherie. Plusieurs dizaines de gens ont écouté sérieusement sa conférence. Il y avait parmi l'assistance, des savants, des religieux des hommes d'affaire, de grands politiciens, qui sont célèbres. Je l'ai écouté comme tout le monde très attentivement, et ai appris beaucoup avec admiration. Toutefois, j'ai douté de son destin.

Hier soir, dans une réunion de problèmes politiques et économiques, l'histoire de cette religion est venue dans la discussion. J'ai demandé des renseignements sur ce religieux étranger et on m'a répondu :

« C'est un imposteur. Il a été expulsé à la suite d'un scandale... »

La vie d'un homme est décidée par son alimentation. La chance ou la malchance, le bonheur ou le malheur, la longévité ou la mort jeune, la bêtise ou la sagesse, la beauté ou la laideur, le bien ou le mal, sont décidés par l'alimentation.

De ce point de vue, il n'y a pas de bien ou de mal chez l'homme. Mon livre de la Vie ne raconte que le bonheur et le malheur d'une vie produite par l'alimentation, et c'est un peu différent du livre de la Vie superbe ordinaire.

C'est une de mes meilleures œuvres parmi mes livres. J'ai envie d'ajouter encore beaucoup de choses pour mes lecteurs, mais je le laisse comme il est, car je n'ai plus le temps. Seulement, je serais très heureux si les lecteurs lisent également mes autres œuvres comme celles-ci :

L'HISTOIRE DE LA CHINE.

Le Voyage d'Exploration au Pays des Bactéries.
La Nouvelle Hygiène.
L'Étude des Sept Livres de la Stratégie Chinoise.
La Jeunesse Éternelle.
La Greffe Macrobiotique du Cœur.
Le Jugement de PASTEUR.

Le 2 octobre 1947,

Nyoiti SAKURAZAWA.

Chapitre premier

L'AMOUR

Le phénomène de la vie ne se produit pas, là, où il n'y a pas de nourriture. C'est pourquoi tous les phénomènes qui accompagnent la vie sont sous l'influence de la nourriture. Les développements, forts et faibles, grands et petits, sages et bêtes, les idées, tous les comportements, les tendances des conduites spirituelles ou physiques, la vie privée, la vie sociale, les développements et les dégénérescences, l'apparition et la disparition d'un peuple ou d'une race, tout cela est dominé par la nourriture. D'après ce Principe de la Macrobiotique, l'amour et le mariage qui sont les premiers pas de la vie sociale humaine sont aussi, naturellement, sous la domination de la nourriture.

Les anciens japonais ont dit : « Rien n'est plus grand que les deux désirs humains, sexuel et appétitif. Comme on dit « Entre ces deux désirs humains on peut supprimer le désir sexuel, mais pas le désir appétitif ». On comprend que le désir appétitif est le désir humain le plus grand et le plus fondamental. Celui qui a la plus grande force après l'appétit est donc le désir sexuel, autrement dit l'amour. Si on ne mange pas, on meurt. Puisqu'on meurt sans nourriture, le désir appétitif nous tiraille avec une force extrêmement grande, aussi longtemps que nous vivons. Ceux qui veulent vraiment savoir la force du désir appétitif n'ont qu'à jeûner 2 ou 3 jours. Toutefois, la force du désir sexuel est aussi très grande. Elle a une force d'attraction plus forte qu'un trône de roi ou d'empereur.

On dit : « Le héros aime la femme ». Il y a pas mal de héros qui se sont battus à cause des femmes. On dit même : « Derrière tous les grands crimes, il y a une femme. »

Il faut que ceux qui ont le sentiment de reconnaissance de vivre remercient particulièrement et continuellement cet appétit, puisque nous pouvons continuer de vivre grâce à ce désir appétitif. Avoir un bon appétit, c'est une gratitude incontestable à ressentir. Seuls ceux qui peuvent manger avec délice même n'importe quelle nourriture simple et pauvre, ont un appétit sain. C'est un grand bonheur d'avoir un grand appétit.

Nous devons nous soigner pour avoir toujours un appétit convenable. C'est la Méthode Macrobiotique qui nous enseigne les soins pour avoir un bon appétit et si on pratique la Macrobiotique correctement, le sentiment du désir du sexe opposé apparaît correctement. Voilà l'amour. Sans l'appétit, la vie d'un individu cesse d'exister et sans l'amour la vie d'une race ou de l'humanité s'éteint.

Parmi les désirs humains, ce qui apparaît d'abord et avant tout, c'est l'appétit qui apparaît dès le jour même de la naissance. En observant le bébé qui réclame du lait, qui pleure pour ça, ou le bébé qui tête de toute sa force, avec énergie, le lait de sa mère, ne sommes-nous pas touchés par la vitalité mystérieuse de la volonté de vivre ? Par la suite, à partir de 7 ou 8 ans, on commence à avoir soif des sciences, et les yeux qui voient le sexe opposé s'ouvrent vers 14 ans, les filles commencent à avoir les règles, et chez les garçons, une constitution et une figure particulières à l'homme commencent à se former vers l'âge de 16 ans. Les filles saines auront une constitution physique comme une mère parfaite déjà vers 21 ans.

Les garçons entrent dans l'époque de l'amour ayant une condition physiologique qui réclame le sexe opposé vers l'âge de 24 ans. C'est un phénomène physiologique inévitable. Il y a plus ou moins de différences selon les pays géographiques ou selon les races, toutefois, cet ordre est globalement correct. Même quand on n'a pas l'amour, la plupart des gens ont le désir sexuel et si on en n'a pas, c'est la maladie.

Or, comme on a vu plus haut, les grandes ponctuations des étapes physiologiques et psychologiques se font vers les multiples de 7 chez les filles, 7 ans, 14 ans, 21 ans, et les multiples de 8 chez les garçons, 8 ans, 16 ans, 24 ans. C'est un fait très intéressant du point de vue de la médecine d'Extrême-Orient ou du Principe Unique. Ces changements physiologiques et psychologiques de tous les multiples de sept ou huit ans continuent toute la vie. Les femmes à 28 ans, 4 fois 7 ans commencent une véritable vie mûre de la femme et le désir sexuel devient de plus en plus fort. En conséquence, bientôt une époque dangereuse qui s'appelle l'année néfaste suivra. A 35 ans, 5 fois 7, elles reprennent doucement la tranquillité et ouvrent la porte de la vie spirituelle. A 42 ans 6 fois 7, elles approfondissent la vie spirituelle et commencent à sentir l'approche de la ménopause. Et à 49 ans, 7 fois 7, la puissance de 7, la menstruation se termine. Elles entrent enfin dans une vie tranquille en terminant leur vie sexuelle comme femme ou épouse.

L'homme entre dans l'époque de l'activité masculine

de plus en plus à l'âge de 32 ans, 4 fois 8. C'est pourquoi l'homme doit avoir terminé la construction fondamentale du destin de la vie vers 30 ans. A 40 ans, 5 fois 8, il commence à gagner la tranquillité et entre dans la vie spirituelle. Ceux qui ont vécu une vie ou des activités violentes, commencent déjà à s'affaiblir. A 48 ans, 6 fois 8, il acquiert complètement la tranquillité et approfondit la vie spirituelle. A 56 ans, 7 fois 8, il commence la récolte de sa vie. Et à 64 ans, 8 fois 8, c'est-à-dire la puissance de 8, il sera libéré de la vie sexuelle et entrera dans la vie spirituelle calme.

Chez l'homme, ainsi que chez la femme, l'époque de la vie physique est jusqu'à l'âge de 6 fois leur période particulière de la vie (8 ans et 7 ans) c'est-à-dire jusqu'à peu près 48 ans chez les hommes, 42 chez les femmes. Et après cet âge, ce sont les époques de la vie spirituelle. Normalement, les hommes vers 48 ans les femmes vers 42 ans, commencent à être libérés de la domination forte du désir sexuel et commencent le premier pas vers la vie spirituelle et infinie. C'est-à-dire qu'ils déménagent du monde des plaisirs corporels limités vers le monde de la joie spirituelle, infinie. Cette vie spirituelle est le monde éternel qui est plein de paix, de liberté et de lumière.

Malheureux sont ceux qui n'entrent pas dans ce monde et qui vivent toute la vie plongée dans la mer du désir du sexe et de l'alimentation. Tous les désirs matérialistes sont la métamorphose du sexe et de l'appétit.

L'habitude du vieux Japon qui dit : A l'âge de 7 ans, le garçon et la fille ne se mettent pas ensemble », n'est qu'une application du Principe Unique. La fille est Yin et 7 est Yin. Le garçon est Yang et 8 est Yang. La fille termine déjà la première période de son enfance à l'âge de 7 ans. Le garçon aussi est près de la fin de la première période de l'enfance à cette époque.

A partir de cette époque, les filles se féminisent et les garçons se masculinisent. Si on élève séparément les filles d'une façon féminine, les garçons d'une façon masculine, le Yin devient de plus en plus Yin et le Yang de plus en plus Yang. Et après cette séparation de 16 ans (2 fois 8), chez les garçons, et de 14 ans (2 fois 7) chez les filles, Yin et Yang mûrissent au maximum et ainsi la force d'attraction de Yin et de Yang sera devenue la plus forte et la plus grande. Après ce moment, ces forces Yin et Yang s'attirent et sans hésitation, dès qu'ils sont mis seulement en présence, ils s'unissent et deviennent inséparables. Voilà le mariage parfait et heureux ; c'est-à-dire que la séparation des garçons et des filles à l'âge de 7 ans est une méthode très habile pour fortifier au maximum l'union dans une quinzaine d'années.

Plus fort est Yang (masculinité) ou Yin (féminité) plus grand est l'amour, la force de l'envie du sexe opposé, le désir sexuel. Plus grande est la force d'attirer le sexe opposé, plus parfaitement on est mûri comme un homme ou comme une femme. C'est pourquoi si l'on ne soupire pas après le sexe opposé à cet âge, cela signifie qu'il y avait un défaut dans l'alimentation pendant ces deux dernières périodes (de 9 ans à 24 ans chez les garçons, de 8 ans à 21 ans chez les filles). L'amour est une requête de la nature comme l'appétit de manger. Tuer ce désir est contre la nature. Admettons que c'est bizarre de l'appeler « sacré » mais il est aussi drôle de le traiter comme le péché. C'est un phénomène naturel.

Yang est la force centripète qui attire, Yin est la force centrifuge qui est attirée. Par conséquent, il est normal que, dans l'amour, Yang (l'homme) agisse toujours positivement et Yin (la femme) prenne la position passive. En entrant dans la 4e époque (de 24 à 32 ans), l'homme démontre de plus en plus sa tendance de Yang et il devient un réaliste, qui a le désir matérialiste, le désir de l'entreprise, la force possessive.

Par contre la femme devient une rêveuse (on fantaisiste) qui a le désir spiritualiste, qui soupire après un idéal. C'est pourquoi, en cherchant le sexe opposé, les nuances sont extrêmement différentes entre l'homme et la femme. Dans cette époque, l'homme est comme un chasseur ou un chien de chasse qui poursuit un gibier et il ne se rendra pas compte ni des montagnes, ni des vallées, tandis que la femme à cette époque, est habile et rapide à monter en courant vers la montagne (verte) plutôt que dans la plaine, tout à fait comme un lièvre. Le chien est d'autant mieux qu'il court vite témérairement et le lièvre est d'autant plus adorable qu'il fuit vite. Le chien de chasse qui ne court pas en voyant le lièvre ou le lièvre qui ne fuit pas en voyant le chien ne sont pas normaux. Ils sont malades. A fortiori, le lièvre qui agite la queue ou qui s'approche du chien en le voyant, est fou ou un loup vêtu en peau de lièvre. Ce peut être un lièvre de neige qui fondra (mourra), bientôt après le mariage. Sinon, une fille pareille tuera et mangera l'homme. Seules, celles qui savent ce secret réussiront en amour.

La force pour chercher le sexe opposé est complètement aveugle. Les proverbes suivants le prouvent :

« L'amour est hors de réflexion ».

« L'amour ne fait pas de distinction de classe, supérieure ou inférieure ».

« C'est la distance entre l'homme et la femme qui paraît grande, mais est petite en réalité ».

« Pour un amoureux, mille km ne sont qu'un km pour aller voir son amie ».

« L'amour est un coquin ».

« En amour, même une marque de la petite vérole paraît comme une fossette sur la joue », etc...

Dès que l'envie du sexe opposé commence à se mani-
fester, la vie ouvre précipitamment son horizon. Doucement le rideau de la scène sérieuse et compliquée, s'ouvre. A combien peut-on compter les histoires, quelquefois joyeuses, quelquefois tristes, quelquefois jolies ou
laides, que cette force vers le sexe opposé a produites
depuis les temps très reculés où l'homme est apparu
pour la première fois sur la terre. Les souffrances, les
soupirs, les tristesses, les lamentations, les sanglots de
l'amour des hommes et des femmes qui apparaissent
dans les anciennes littératures comme MANNYO-SYU,
GENJI-MONOGATARI, ISEMONOGATARI, ne tourmentent-ils pas
violemment l'âme des lecteurs même d'aujourd'hui ?
Surtout l'atmosphère pénible et étouffante du monde uniquement d'amour que dessine SAIGAKU ou TIKAMATU, fait
même aux lecteurs douter du sens de la vie.

La puissance violente de l'amour et la force vers le
sexe opposé qui est décrite dans ces œuvres semble ne
pas s'arrêter sans brûler et sans exploser tout comme la
dynamite qui fait sauter les grands rochers et semble
comme la foudre qui déchire les nuages noirs. Toutefois,
quand on les voit aujourd'hui où le temps s'est écoulé,
que ces amours éphémères ! Ils ont disparu comme les
écumes qui apparaissent et disparaissent dans le courant
de l'eau. Que l'homme est éphémère, petit et pitoyable !

Toutefois, l'amour est un miracle ! Une vie sans
amour est semblable à un désert. C'est un monde plane
et sans couleur. L'amour est un désir possessif. L'amour
donne de la couleur et de la profondeur à la vie et crée
l'art, et produit le monde cubique de la souffrance et
de la joie.

Il nous faut guider correctement cet amour. Si on se
trompe en prenant le volant de la direction de cet amour,
la vie devient une chose tragique. Pour prendre une vie

d'amour correcte, il nous faut avant tout une alimentation correcte qui est l'origine de l'amour, le désir sexuel. Pour avoir l'amour correct qui ne tombe pas dans la folie ou dans la débauche, l'amour qui est le premier pas de la vie joyeuse, l'amour fort mais naturel et doux comme le printemps, c'est « l'alimentation correcte de la deuxième époque de l'enfance » qui est la condition unique. Si on donne aux enfants à cette époque trop de sucreries ou de protéines animales (surtout les animaux à quatre pattes et les œufs), en excès, ils deviennent un jeune homme pittoresque sans amour, comme la bière fade, ou bien un type misérable comme un esclave du désir sexuel.

Autrement dit, ceux qui ont une vie alimentaire correcte à la deuxième époque de l'enfance (9 à 16 ans chez les garçons, 8 à 14 ans chez les filles) auront l'amour le plus puissant et le plus correct. Ceux qui veulent la preuve n'ont qu'à lire les œuvres littéraires, les poésies, les romans, le théâtre et les films, les histoires et les biographies qui sont nés dans tous les pays et chez tous les peuples, en Occident et en Orient depuis les temps reculés jusqu'à nos jours et n'ont qu'à chercher en poursuivant « la vie alimentaire » du passé, des personnages qui y apparaissent.

Les œuvres, les histoires ou les biographies écrites par les auteurs éminents, qui sont fidèles aux effets, expriment aussi fidèlement et précisément les goûts alimentaires des personnages, et prouvent clairement comment la relation entre l'alimentation et l'amour sont inséparables comme la lèvre et les dents.

Chapitre II

LE MARIAGE

« Le mariage est le cimetière de l'amour » dit-on souvent. En effet, parmi les gens qui fondent une famille, il me semble qu'il y en a très peu qui ont « une vie heureuse » dans le mariage résultant de l'amour.

Comme je l'ai dit dans le chapitre précédent, l'amour est aveugle, c'est-à-dire que c'est une manifestation de l'inconscient ou de l'instinct. Il n'est pas irraisonnable de penser que le mariage, destin de l'amour, soit voué inopinément à la tristesse, à la souffrance et au malheur.

Les mariages d'entrevue provoqués par le choix des parents ou d'autres protecteurs ont aussi à peu près le même résultat. Bien qu'il y ait peu de danger causé par le manque de reconnaissance des intéressés, ces mariages peuvent être facilement cassés, car les intéressés pourront dire aisément leur mécontentement et leur non-responsabilité.

Toutefois, d'après moi, le mariage est une « Ecole d'amour » et il est aussi une « usine du bonheur ».

Ce que nous cherchons à tout prix dans cette vie, c'est le bonheur. Si notre souhait le plus grand était vraiment de mener une vie heureuse, la vie conjugale serait une usine où se construirait ce bonheur. De ce point de vue, je vais vous expliquer le mariage.

Je vois tous les jours et partout des ménages qui devraient être cette usine de bonheur, mais qui sont parfois des lieux de dispute, parfois des vallées de tristesse. Je parlerai d'ailleurs de ces exemples du malheur des ménages et de ses solutions, en tenant compte que la vie conjugale est une usine de bonheur dans laquelle les époux sont des ouvriers qui travaillent en collaboration à la construction du bonheur.

D'abord je vais citer les éléments nécessaires pour créer une « maison du bonheur ».

La première condition pour une « maison du bonheur » est une famille saine spirituellement, aussi bien que matériellement. Évidemment, il y a des gens qui ont une famille heureuse même quand ils ne sont pas sains spirituellement, c'est-à-dire les personnnes dont l'idée n'est pas saine ou simple, ou quand elles ne sont pas riches physiquement, ni économiquement.

On ne les prendra pas ici comme sujets. Or, pour faire une famille heureuse et saine, en bref, il n'y a pas d'autre moyen aussi nécessaire, aussi efficace, et surtout aussi facile et commode que la Macrobiotique. Selon mes expériences modestes et mes petites connaissances, le matériel fondamental de la vie du mariage, dite « École de l'Amour », « l'usine du bonheur », est la nourriture dont le principe instructif (le Principe Unique) pourrait être considéré comme le ciment ou les fers.

Ce que j'appelle ici le Principe Unique, c'est le principe de la genèse de l'homme, le principe de la Transmutation, la voie de l'Infini ou l'Ordre de l'Univers. C'est une conception du monde, la logique de la vie ou un principe qui unifie et instruit toutes les existences et toutes les cultures ; non seulement toutes les cultures spirituelles et culturelles — la politique, l'économie, la loi, la religion, l'art, l'éducation, etc... — mais aussi la culture matérialiste ou la science — la physique, la chimie, la construction, l'industrie, l'agriculture, les communications, le commerce, etc... A ce propos, voir « l'Ordre de l'Univers », « Le destin de la science ».

Je citerai pour commencer les conditions élémentaires et nécessaires pour un ouvrier collaborateur à cette « Usine du bonheur » pour l'homme et pour la femme.

Les conditions physiologiques :

1. *L'Homme.*

L'âge le meilleur (au Japon) pour le mariage est de 24 à 28 ans. La constitution physique doit être saine du point de vue Macrobiotique, c'est-à-dire que ce doit être un homme absolument Macrobiotique, ou tout au moins un homme plus ou moins Macrobiotique qui a l'esprit et le bon sens de comprendre la Macrobiotique. Autrement dit, le meilleur moyen d'examiner la personnalité du futur mari est d'observer son attitude et sa réaction vis-à-vis de la Macrobiotique.

Toutefois, il est plus commode de confier ce diagnostic aux experts ou conseillers Macrobiotiques ; on peut employer la méthode physiognomonique connue traditionnellement comme un moyen simple pour tout le monde. Par exemple, vous n'avez qu'à examiner la forme des oreilles et des yeux... L'oreille surtout est très importante. Quoique ce ne soit pas le baromètre de la santé actuelle, c'est celui du destin de la vie, ce qui est très important. Celui qui a été élevé bien macrobiotiquement a toujours de grands lobes à l'oreille. C'est la même chose pour les femmes. Celui qui n'a pas de lobes et surtout qui a les oreilles pointues du côté supérieur et prolongées du côté inférieur vers le menton et encore surtout celui qui a des lignes qui progressent de la racine des oreilles, a quelques graves anomalies physiques ainsi que psychologiques. Celui qui a été nourri correctement depuis l'époque embryologique a toujours ce lobe de l'oreille. Plus correcte et plus Macrobiotique est cette alimentation, plus grand est ce lobe. C'est dire que la forme des oreilles nous démontre le plus franchement si la mère était une personne sage et modeste, si sa famille était Macrobiotique et si elle a été élevée macrobiotiquement ou non. Ceci est universel pour tous les peuples du monde. On est bien persuadé si l'on sait qu'il y a une habitude commune au monde, celle de mettre des boucles d'oreilles.

2. La Femme.

L'âge préférable pour se marier est généralement parlant de 18 à 22 ans. Toutefois, il y a beaucoup de femmes qui ont de bonnes capacités d'épouse et de mère après 23 ans et même 30 ans. L'observation des oreilles, du nez, des lèvres, des dents, etc... est beaucoup plus importante que chez les hommes. Celle qui a les dents irrégulières ou les dents abîmées rate l'examen à 100 %. Les cheveux rouges ou les cheveux frisés sont à refuser. Ce sont le symbole du malheur.

Évidemment, tout cela, la forme du visage, la constitution du corps, tous les organes, la forme des yeux, des oreilles, de la bouche, du nez, et même les lignes de la main, changent sans arrêt et très rapidement par l'alimentation. C'est pourquoi, même les personnes qui ont ces défauts ne doivent pas être désespérées et même les personnes qui ont bonne physiognomonie ne doivent pas rester distraites.

La Condition Psychologique.

1) HOMME.

La première importance est le courage. Il est souhaitable que le caractère fasse apparaître toutes les particularités suivantes : solidité, exactitude, la capacité du développement, l'effort, la générosité. Les personnes qui ont ces qualités se lèvent de bonne heure, ne sont pas des mangeuses de gâteaux sucrés, ni gauchères et leurs chaussures s'usent horizontalement (ni sur les côtés, ni derrière, ni devant.

2) FEMME.

Premièrement la douceur et la docilité.

Elle est très idéale si elle a, en plus, des qualités féminines comme l'élégance, la réserve, la modestie, la gentillesse, la patience, la foi, l'exactitude, etc... Un poète français a dit : « Ne frappe jamais la femme, même avec des fleurs ». Si elle était une femme qui a de telles qualités de douceur, personne ne la frapperait jamais. Toutefois, parmi les femmes modernisées, il y a de plus en plus celles de qui l'on pourrait dire : « Frappe la femme avec la pierre ». Il ne faut jamais se marier avec une femme pareille, car la femme qualifiée d'être frappée, ne change pas, même quand on la frappe.

Cependant, je ne dis pas que la femme qui ne résiste pas est bien. Je dis qu'il vaut mieux éviter la femme obstinée qui exige ses expériences superficielles à elle personnelles, comme si c'étaient des connaissances uniques, suprêmes, absolues. Naturellement, on peut accepter une telle femme si elle s'intéresse à se soigner et corriger cette obstination comme une maladie mentale, car c'est un entraînement intéressant de la vie pour lui, ou pour elle.

Il est nécessaire, chez l'homme ainsi que chez la femme, d'examiner pour une fois le caractère, l'idée, la vie familiale, surtout la vie alimentaire, mais surtout le caractère et la nature de son époux. Ce caractère n'est pas l'existence ou l'influence de l'étude scolaire ou du sens commun. Quant aux natures et aux idées, bien qu'il y en ait de diverses, il faut les accepter si ces personnes ne sont pas exceptionnellement brutales et ignobles ou grossières. Il y a aussi des conditions diverses pour juger une famille, mais ce qu'il faut examiner, pour une fois, c'est le problème de l'éducation familiale et sa tradition.

A propos de la situation économique et sociale de la famille, il est plutôt préférable de prendre une famille qui vit modestement et pauvrement. Il faut faire attention à la famille enrichie qui n'a pas la tradition d'une idée, d'un état matériel.

Même quant au mariage consanguin, il n'y a pas de problème si l'on examine ces conditions citées plus haut.

On requiert comme caractère de l'homme : la solidité, la force, la capacité de développement, l'exactitude, l'effort et la générosité, etc... puisqu'il doit être toujours actif et social. Si l'on compare la vie maritale avec un bateau qui traverse un grand océan de la vie, la force de l'homme est comme un pilote ou les marins sur le pont.

Par contre, la femme serait le chauffeur, le technicien, ou le chef de la chambre des machines qui ont besoin de patience, de foi, d'exactitude et de douceur.

Or, même quand on examine le mariage prudemment, l'âge, la constitution, la mentalité de l'époux et les caractères des parents, la situation de la famille, son passé et son présent, etc... on tombe bientôt après le mariage ou dès le mariage, souvent, dans une situation triste comme le « cimetière » ou quelquefois malheureuse et souffrante.

Cela se produit puisque la capacité d'observation et la compréhension de l'homme sont si petites, par conséquent, il ne peut pas prévoir « ce qui va arriver ». C'est pourquoi mon avis, à propos du mariage, est que l'on n'a qu'à tenir comme important seulement l'âge parmi ces conditions citées plus haut et que l'on ne donne pas beaucoup d'importance aux autres conditions.

Que l'on possède toutes ces conditions ou que l'époux soit observé par tous les côtés, il est courant que divers défauts et mécontentements apparaissent en abondance lorsqu'on commence finalement la vie du mariage. Que ce soit le mariage d'amour ou d'entrevue, ou du choix de parents ou d'autres protecteurs, il n'y a presque pas, à mon avis, de mariage parfaitement réussi en réalité.

C'est pour cette raison que je voudrais insister sur le fait que le mariage doit être « École de l'Amour » et « Usine du Bonheur ». Développer le mariage donné en « Bonheur » le plus grand, n'est pas la condition la plus nécessaire ? En tous les cas, le mariage d'amour combiné aveuglément par l'instinct inconscient ou le mariage d'entrevue sagement préparé par une troisième personne, il serait très rare qu'il soit vraiment idéal. Si, au moins, la personne avait passé l'examen de la physiognomonie Macrobiotique, la désillusion serait adoucie, toutefois, ce n'est pas non plus absolu.

Le mariage étant comme une loterie, pas même une personne sur 10.000 personnes rencontrera la chance du bonheur. Toutefois, le mariage, différent de la loterie, peut être converti après le tirage. « La maison du bonheur » devient grande ou petite ou même peut disparaître selon les efforts du couple. Comme la joie est donnée seulement à ceux qui connaissent la souffrance, le bonheur est donné seulement à ceux qui ont fait des efforts. Ainsi, Épictète a dit : « Tout le monde est heureux, sinon, c'est de sa faute et c'est une punition ». S'il n'y a pas une collaboration et les efforts des époux, « la maison » devient « le cimetière ».

Ne serait-il pas plus agréable de remuer le marteau

comme un ouvrier de « l'usine du bonheur » que d'habiter dans « le cimetière » ?

La famille est une « usine du bonheur ». Le mariage est un plan de cette « usine du bonheur ». Il y a divers matériaux, l'éclairage, la dynamo, le moteur, etc... pour cette « usine du bonheur » et je recommande la Macrobiotique pour cela. Éclaircissez votre maison avec cette « Macrobiotique » ! Faites marcher le moteur avec la Macrobiotique ! La Macrobiotique éclaire le plus la maison, car elle donne une grande certitude dite la santé absolue.

La Macrobiotique améliore la rotation du moteur puisqu'elle est économique. Même un mariage bien réussi se trouvera dans la misère à la fin si l'on oublie la Macrobiotique. Par contre, même un mariage raté sera toujours reconstitué et le bonheur se produira de plus en plus, si l'on adopte la Macrobiotique.

Dans cette signification, la Macrobiotique est la condition unique et la plus grande à la construction d'une « Maison heureuse ».

Pour faire développer cette « Usine du bonheur », d'une façon formidable, l'homme doit avant tout guider la femme du point de vue des idées, et la femme doit guider l'homme physiologiquement c'est-à-dire du point de vue de la santé à travers la nourriture qui permettra finalement de donner un équilibre parfait jusqu'au caractère et à la mentalité de l'homme. Il faudrait que la femme continue ces efforts, par des moyens symétriquement opposés à ceux de l'homme, avec sa douceur et son calme qui embrassent tout.

En d'autres termes, pour faire « une vraie usine du bonheur » de sa vie conjugale, il est indispensable à la femme de faire des efforts pour *être aimée avant tout* et sans faute, par contre, l'homme doit faire *ses efforts pour aimer* jusqu'à la fin. Ces fameux efforts entre l'homme et la femme ne sont pas autre chose que les résultats de leur alimentation passée, de l'alimentation de leurs parents, de leur atmosphère de vie et du lieu où ils vivent. Ceux qui mangent dans ces conditions, doivent se mettre à la Macrobiotique la plus stricte et la plus exacte.

Il est facile de dire en un mot : « Faire des efforts pour être aimé sans faute », mais en réalité, c'est extrêmement difficile. Il y a des femmes, surtout chez les modernes, qui pensent que l'homme a le devoir d'aimer inconditionnellement la femme dès le mariage et qu'elles ont le droit d'être aimées. C'est une grosse erreur. Le droit d'être aimé n'est donné qu'à la personne qui a la qualité d'être aimée et qui fait des efforts pour être aimée.

Celles qui ne sont pas heureuses sont celles qui ne font pas encore d'efforts pour être sans faute aimées. Celles qui font des efforts pour être aimées deviennent sans faute heureuses, même quand elles ne sont pas aimées et même quand leur mari est indiscutablement mauvais. Avant tout, « faire des efforts pour être sans faute aimée », c'est déjà le bonheur.

La vie est longue malgré son apparence courte. Si l'on se fatigue après des efforts d'un an ou cinq ans seulement, on ne peut pas encore dire qu'on pratique la Macrobiotique.

Toutefois, l'homme n'est pas un Dieu. Malgré la théorie il est assez difficile, en pratique, d'aimer ceux qui ne sont pas charmants et ceux qu'on hait... Mais les efforts ne seraient pas des efforts s'ils n'étaient pas difficiles ou impossibles. Mais difficile est difficile et impossible est impossible, quelles que soient les paroles.

Or, quelle gratitude, nous avons trouvé la Macrobiotique. La Macrobiotique est le meilleur secours pour nous, homme et femme médiocres. C'est le chef d'état-major le plus haut-placé. Elle nous enseigne clairement que même ceux qui sont détestables et de mauvais esprit ne sont pas fautifs à l'origine, mais que la faute se trouve dans l'alimentation passée — le lieu où l'on vit. C'est pourquoi elle transmute la haine en sympathie et la pitié et la souffrance en sentiment de miséricorde.

Si l'on veut créer une vie heureuse, il est indispensable que la femme fasse des efforts pour être aimée et que l'homme fasse des efforts pour aimer jusqu'au bout. Dans ce but, la Macrobiotique est l'arme unique et la meilleure. Le but de ce livre est d'expliquer comment employer cette arme.

Toutefois, je m'arrête ici en décrivant seulement l'attitude envers le mariage.

La vie conjugale est « une Usine du Bonheur » et « l'École de l'Amour » ! Que ceux qui veulent entrer dans cette « Usine du Bonheur », saisissent sans faute le marteau solidement ! Que les chercheurs de la Vérité qui veulent entrer dans cette « École d'Amour » soient prêts, vêtus de l'habit de travail de la Macrobiotique.

CHAPITRE III

LA FAMILLE, LA GROSSESSE, L'ACCOUCHEMENT, LE SOIN DU BÉBÉ

1) *La Famille.*

— « L'École de l'Amour », « L'Usine du Bonheur » —

L'autre nom de la vie conjugale, qui est « l'école de l'amour » et « l'usine du bonheur », est la famille. La famille est une cellule de la société. Si « la famille » n'est pas saine, l'État non plus ne peut pas être sain et si « la famille » est détruite, l'État sera aussi détruit. Quand « la famille » est malheureuse, l'État sera aussi misérable.

Ainsi, en Extrême-Orient, « gouverner la famille » était considéré comme extrêmement important.

Or, de « gouverner la famille » n'est pas si facile, alors que la famille est notre nid. « La famille » est le premier pas de la marche comme citoyen, comme membre de la société et comme membre de l'humanité. Elle est aussi la première création dans la vie. Tout ce qui s'appelle la création, même une petite création est difficile à faire, et surtout parmi elles, « la famille » est fort difficile à créer. Celle-ci n'est pas une création plane, mais elle est cubique. Elle est un art créé par l'unification de la matière et de l'âme en même temps. Elle n'est pas statique mais mouvante et changeante, elle est un art, une création vivante qui ne s'arrête jamais, qui se développe, grandit jour après jour, année après année, pendant plusieurs dizaines d'années. J'exprime donc, d'abord, mes respects vis-à-vis de ceux qui font et qui ont fait « une famille », saine et joyeuse.

Une famille joyeuse, lumineuse, sympathique, est un endroit de repos, un perchoir de notre âme, et à vrai dire, c'est une racine de la vie, une construction fondamentale de la vie, la fontaine de la force de la vie. Notre âme est pitoyable si « la famille » est sombre, solitaire et triste. L'homme risquera de s'enfuir de sa famille pour chercher la joie et l'amusement, la luminosité et le silence, et risquera d'errer en cherchant les plaisirs de la vie comme les bêtes qui cherchent leur appât dans les plaines incultes et finalement il risquera d'être noyé dans le monde obscur des plaisirs. D'après la psychanalyse, l'homme et même les grands hommes sont en fin de compte des animaux très faibles qui sont entraînés par l'instinct sexuel.

On a besoin de faire beaucoup d'efforts pour construire ce joyeux, lumineux, sympathique « perchoir » de l'âme. Ce n'est pas réalisable avec légéreté ou en cherchant la facilité. C'est une mosaïque de l'esprit, solidifiée et construite avec le ciment de la sincérité qui est pétri avec des larmes et de la sueur.

Le grand politicien anglais, Pitt, a dit calmement après s'être retiré de sa vie d'homme célèbre : « Ce qui m'a permis d'être grandement honoré, c'est totalement grâce à ma femme qui a formé la famille joyeuse et lumineuse et qui m'a procuré le repos et l'énergie puissante ».

Même quand le mari est un grand homme brave et excellent, sa famille serait enfermée dans le nuage du malheur et le vent froid y sifflerait sans arrêt, si la femme n'est pas une personne pieuse et douce. Même quand le mari aura un succès, à cause du malheur familial, ses enfants seront malheureux. Les femmes comme Xantippe, la femme de Socrate qui a jeté de l'eau sale sur son mari avec le seau, comme la femme qui a fait lamenter Confucius et lui a fait dire : « la femme et l'homme de vision étroite sont difficiles à cultiver » n'ont pas pu élever des enfants dignes et mener la vie joyeuse après leur vieillesse.

(L'irritation de cette femme qui verse de l'eau sur son mari songeant à sa pensée philosophique, n'est-ce pas pitoyable ? Elle se fâchait toujours tout en ayant un mari qui sera admiré comme le grand Socrate pour toujours. Quel malheur !)

Par contre, les femmes qui ont aidé, satisfait, fait réaliser les rêves grandioses de leur mari, par exemple, ITO JINSAI qui oubliait la situation de sa famille, qui ne savait pas que sa femme n'avait plus de riz pour le lendemain ou RAI SANYO qui a demandé à sa femme de servir du saké à ses invités alors qu'il n'y avait même pas de riz pour la famille. Ces femmes ont élevé des enfants dignes... qu'on connaît fort bien même à présent.

Même si ces femmes ont vécu des jours pauvres et tristes, et qu'elles semblent pour les autres avoir vécu une vie misérable, dans leur cœur le grand espoir du soleil régnait toujours, et le feu de la foi stable brûlait chaudement et sans cesse.

Il y a des conditions diverses pour former la famille comme un foyer heureux sympathique et lumineux de l'âme. Le premier parmi eux, le plus grand et indispensable pour toutes les familles, c'est la santé des membres de la famille. La santé d'abord. Même Emerson a dit : « La santé est le premier bonheur ». Un philosophe

grec a dit : « La santé produit le plaisir et le plaisir produit le bonheur ». Sans la santé, on ne peut rien faire. Si
l'on n'a pas la santé, on ne peut rien réaliser, même si
l'on a une grande fortune, la réputation, la connaissance,
la fiancée, les enfants, quoi que ce soit. On sera d'autant
plus malheureux qu'on aura tout cela.

La famille saine ! C'est une famille lumineuse et
joyeuse. La maladie c'est une partie de la mort. La famille
saine est une famille de l'homme vivant. La maison d'un
malade ressemble au « cimetière ». C'est la « maison de
la fleur ». C'est parce qu'on est en bonne santé que l'on
peut s'amuser d'une vie joyeuse.

Quelle valeur aurait-elle, la vie, si l'on était malade ?
A quoi servirait une vie si ce n'était pas une vie qui
vaudrait la peine d'être vécue, pleine de joie, d'amusement, d'énergie, d'espoir ? Puisque le travail et l'amusement de la vie ne sont pas permis sans la santé, nous
devons d'abord faire notre famille comme une fontaine
de la santé. La famille est un « perchoir » de l'âme. Nous
y rentrons chaque jour avec la fatigue du travail, nous
nous y reposons tranquillement, y causons joyeusement,
y sommes consolés avec la douceur et nous repartirons
au travail au nouveau jour après avoir accumulé de nouvelles énergies.

Voilà, on comprendrait combien importante est la
responsabilité du contremaître de ce « perchoir » d'âme,
du chef de nutrition de la vie et de « la fontaine de l'énergie ». C'est cette personne qui donne la joie et le bonheur
à la vie, la lumière à l'espoir, fait la vie qui vaut la peine
de vivre. Cette personne, c'est l'épouse, la ménagère, la
mère.

Il y a aussi des conditions et des qualités diverses
pour être l'épouse douce, la ménagère fidèle et patiente et
attentive, la mère sage. Du point de vue du Principe Uni-

que de la Vie, en un mot c'est une personne qui peut pratiquer la Macrobiotique. Si c'est une personne qui comprend l'importance de la nourriture, sa grandeur, son atrocité, et la grâce de reconnaissance de la nourriture, cette personne sera docile et douce, attentive et intelligente.

De plus, si elle est une personne qui peut la pratiquer, elle sera certainement patiente aussi. Également, si elle apprend la profondeur et la grandeur de la force de la Macrobiotique, elle peut devenir une femme douce, patiente et sage. Il est certain qu'il y a des personnes qui comprennent la Macrobiotique et d'autres, par contre, qui prennent un long temps pour la comprendre selon leur intelligence et leur habileté.

On peut également estimer la personnalité par la vitesse de la compréhension. La personne docile la comprend tout de suite et sur place. La personne incompréhensive prend plusieurs années ou même plus de 10 ans pour la comprendre. Un de mes amis les plus intimes n'a pas compris la Macrobiotique pendant 17 ou 18 ans. Il a vécu chez moi pendant un an, et enfin il l'a comprise pour la première fois lorsque son enfant est tombé malade. Pourtant, il n'était pas du tout sot. Au contraire, il est diplômé d'une université célèbre et est actuellement le chef d'une succursale d'une grande compagnie. .....

Même les personnes qui comprennent le principe de la Macrobiotique assez facilement (par exemple, ceux qui sont appelés les leaders ou les savants dans les domaines scientifiques), démontrent qu'ils n'avaient pas compris au fond de leurs pratiques quotidiennes. D'ailleurs, il y a tant de personnes qui n'arrivent pas du tout à la pratiquer. Par contre, il y a des ouvriers pauvres et simples qui la mettent immédiatement en pratique aussitôt qu'ils entendent des conférences macrobiotiques. Il y a aussi des gens mourants à cause de leur mauvaise alimentation depuis des années qui refusent de pratiquer la Macrobiotique, très obstinément, tandis qu'ils comprennent le principe en écoutant les explications. Si amusant !

En tous cas, les soi-disant savants, les éminents, les ignorants, les bêtes, sont tous sur une ligne de la première classe quand il s'agit du problème de la nourriture. Ils doivent commencer à partir du A de l'alphabet au même point de départ. Ceux qui comprennent la Macrobiotique sont ceux qui réfléchissent bien en temps ordinaire aux problèmes : « La merveille de vivre », « la grandeur de la valeur de la vie », « la joie de vivre », « le but de la vie ». Le plus grand bonheur de la vie », etc...

Quoique ces problèmes soient les plus grands, ce n'est pas la peine d'aller à une école spéciale ni d'étudier particulièrement. Aussi, de telles écoles ou des études pareilles n'existent pas. Quant aux soi-disant écoles, les études font, au contraire très souvent des obstacles pour résoudre ces questions. Il n'est que d'être une personne souple et douce.

Si, avant tout, on n'assimile pas solidement l'importance de la nourriture, la vie est jetée en pleine confusion. Même quand on a par chance, la réputation, la situation, la fortune, les enfants, si l'on n'a pas compris la Macrobiotique, la voie du bonheur de vivre, toutes ces chances peuvent devenir le contraire, un jour à cause du grand malheur. Les péchés d'alimentation sont d'autant plus grands et violents et pénibles que la célébrité et la fortune sont grandes.

Même quand on peut mener une vie sans accidents, ni grands crimes, ce n'est qu'une vie simple et fatigante, puisque l'on ne peut pas sentir à cette étape la joie étouffante de vivre et la reconnaissance d'avoir la santé. De plus, l'incertitude de la maladie qui peut, un jour, l'en-

vahir lui-même ou sa famille ou son bien-aimé, le poursuivra toujours comme l'ombre. En ayant n'importe
quelle situation merveilleuse, on ne sait jamais si un jour
on ne pourrait devenir, par quelque incident, un clochard.
En ayant une fortune extraordinaire, on n'est jamais
certain de ne pas perdre, non seulement tout cela, mais
d'avoir des dettes extraordinaires par des incidences naturelles, la révolution, les gangsters, la panique économique,
les émeutes, l'escroquerie, l'artifice et quelquefois, l'on
peut avoir des punitions ou des souffrances que l'on ne
peut pas réparer toute la vie même avec des efforts mor-
tels.

Il faut avant tout saisir la voie de l'alimentation, la
Macrobiotique. C'est une méthode unique pour établir
une famille lumineuse, joyeuse, sympathique, qui la fera
une fontaine de l'activité sans cesse et qui en fera un
« joyeux perchoir ». Quand on adopte la Macrobiotique,
toutes les familles brillent de la joie et de la sympathie.
Dès l'établissement de la famille, les époux doivent approfondir de plus en plus la Macrobiotique en pratique et
assimiler son principe, qui est comme le compas de la
vie. Surtout la personne qui est l'épouse et la mère doit
avant tout assimiler la Macrobiotique. Ainsi, elle aura
une bonne santé. Il n'y a pas une famille qui est aussi
triste et misérable et désagréable qu'une famille dont la
femme est malade.

La maladie est une punition qu'on invite soi-même
après avoir abusé ou trompé la pratique de la loi macrobiotique. Et si l'on attriste et assombrit sa famille, il n'y
a pas d'autre crime aussi terrible que celui-ci. C'est par
la Macrobiotique qu'une femme peut rendre sa famille
heureuse, pour la première fois. Il n'y a pas d'autre moyen
de donner la lumière du bonheur à la famille qu'avec la
Macrobiotique. La Macrobiotique, c'est une interpréta-

tion de l'Ordre de l'Univers, la Justice du Royaume des Cieux et sa Justice. Notre alimentation est le premier pas de la vie individuelle qui se fait avant tout.

Lorsque l'épouse oublie son devoir de donner la santé à elle-même, à son mari et à ses enfants, cette famille tombera sans faute dans la misère. Dans ce sens, la responsabilité de la femme, de l'épouse, de la mère est extrêmement grande. Assombrir la famille, c'est le commencement de l'affaiblissement de l'état. C'est le premier pas pour ruiner le monde et toute l'humanité.

La cuisine, c'est « la pharmacie de la vie ».

L'épouse est « le pharmacien de la vie ».

L'épouse est un timonier de la « santé ».

L'épouse est un régisseur de « la famille heureuse ».

La mère est un dessinateur de la culture. Soit créer une scène de la tragédie de la famille, soit, produire une scène pleine de joie et d'amusement qui développe l'âme de l'homme tout cela dépend du soin et de l'habileté de la femme.

Que le mari soit très incompréhensif, soit agressif, soit joueur, soit obstiné, la femme doit pouvoir le transformer comme elle veut puisque c'est elle qui prépare tous les matériaux de la vie de cet homme.

Quelquefois, cela prend beaucoup de temps. Cela prendra même 3 ans, 5 ans, 10 ans, 20 ans, mais elle pourra le réaliser tôt ou tard. C'est d'autant plus une grande entreprise, que cela prend beaucoup de temps. Sa vie devient d'autant plus importante qu'elle fait les grandes entreprises.

Une grande entreprise — la révolution de l'homme, c'est-à-dire la révolution du monde — est dans les mains de la femme. Que c'est amusant et comment peut-on remercier ?

Même quand cette grande entreprise n'est pas accomplie dans une vie, cela vaut la peine, beaucoup plus que d'avoir accompli 100, 1.000 ou 10.000 petites entreprises insignifiantes. Si cette grande entreprise est accomplie, même juste avant la mort, alors combien ce sera amusant et l'on sera reconnaissant. Aussi, cela ne fait rien, même si l'on termine la vie sans voir le jour de la joie, malgré les souffrances à cause de cette entreprise. L'effet par lui-même que l'on s'est sacrifié toute une vie pour celui que l'on aime, n'est-ce pas une grande joie ? Il n'y a rien comme repentir, ni à se reprocher. On a tout fait de son mieux. Il faut remercier plutôt une pareille situation qui a obligé à faire des efforts, et son mari qui a procuré une si grande entreprise. Si l'on a tel état d'âme, l'on est pacifique et heureux. Si l'on parle de ce point de vue, une femme est plus heureuse d'avoir le pire des maris.

(Relisez ci-dessus en remplaçant « la femme » avec « le mari » et « l'épouse » avec « l'époux »).

En tout cas, la famille est « l'école de l'amour » et « l'Usine du Bonheur ». Celui qui est guide-exécutant de cette école, celui qui est le chef de l'usine, est heureux. Je l'envie. (Si j'étais une femme !)

Si j'étais une femme, je polirais ma famille avec l'amour et la sincérité et je la ferais briller ! Je ferais les lavages. Quelle joie ce serait de rendre propres toutes les saletés ! Je laverais la vie ! C'est la douceur la plus grande. Je couperais les bardanes dans la cuisine ! Je créerais ainsi la vie de la famille. Quelle joie ! couper des bardanes !

Et ensuite, je polirais comme la femme de la France, les tables, les verres, les cheminées, le fond de la casserole, tout ce qu'il y a dans la maison, avec tout mon cœur et je les ferais briller ! Comme cette grand'mère de Marignac, un village dans les Pyrénées, je polirais d'une manière brillante, même la lanterne portative que le père du grand-père employait dans le temps et qu'on n'emploie plus, et je la mettrais sur la cheminée, soigneusement !

Je polirais aussi minutieusement la vieille horloge qui marque les secondes, silencieusement, tic, tac... depuis la génération du grand-père, et je la ferais briller. Je laverais aussi scrupuleusement avec l'eau chaude, les vieux bols provinciaux et informes que la grand'mère employait chaque jour et je les mettrais soigneusement sur l'étagère après les avoir proprement essuyés.

Comme cette femme aux cheveux blancs du Prof. Utrant, le docteur de sciences et de droit à Paris, je nettoierais la maison du rez-de-chaussée jusqu'au 3e étage, toute seule ! Je nettoierais avec les bras nus, en chantant les chansons populaires du XVIe ou XVIIe siècle, d'une grande voix qui fait trembler le grand et vieux château !

Ce nettoyage dure de 8 heures jusqu'à 11 heures. Je serais fatigué, mais quelle fatigue agréable ce serait ! J'entends très vivement des chansons qui sonnaient chaque matin dans la maison de Paris, avec les bruits de balais comme accompagnement.

Je ne suis pas si vilaine,
avec mes sabots,
Je ne suis pas si vilaine,
. . . .

2) *De la grossesse à l'Accouchement.*

— « L'Usine du Bonheur » devient affairée —

A mesure que l'étude à « L'École de l'Amour » s'approfondit de plus en plus, les travaux de « L'Usine du Bonheur » augmentent de plus en plus... « La Société en nom collectif » commence à créer sa première œuvre...

Le bébé, une existence mignonne et tendre... C'est la grossesse.

Cette création du « bébé », une nouvelle vie, est considérablement compliquée et difficile. Le bébé, ce mignon est le lien de notre vie, une partie de notre vie, il est notre héritier. C'est la plus grande œuvre de notre vie d'élever ce bébé parfaitement. Si nous ne pouvons pas le faire d'une manière parfaite, nous n'atteindrons pas non plus ce « Bonheur » qui est notre désir le plus grand de notre vie. Même quand on l'a une fois, ce bonheur aussi se brisera et disparaîtra, et on se retrouvera dans un milieu triste, misérable et solitaire.

Pour perfectionner cette œuvre, « le bébé », s'y prendre après la naissance est déjà trop tard. On doit s'en occuper depuis l'époque embryologique, avant la naissance. Ceci, qui est très important, est oublié complètement de nos jours. C'est pourquoi la mortalité du bébé avant l'âge d'un an augmente d'une façon excessive au Japon, malgré la naissance attendue si impatiemment.

En 1954, 255.000 bébés qui étaient encore au sein, sont morts. Autrement dit, 700 bébés par heure et un toutes les deux minutes sont morts peu de temps après la naissance. N'est-ce pas terrifiant ? Quel est le nom du Dieu de la mort qui enlève brutalement la vie des bébés ? D'après les statistiques la cause la plus atroce de cette mort est la faiblesse congénitale, dont le nombre des victimes atteint 68.604. Il y a les diarrhées, ou les inflammations des intestins, ou la pneumonie et d'autres maladies, mais ces causes ne sont pas comparables à la faiblesse congénitale.

En réalité, cette faiblesse congénitale vient de l'alimentation inattentive de la mère pendant la grossesse. C'est pourquoi, si l'on veut élever merveilleusement cet être mignon donné par le ciel, l'on doit se soigner mieux pen-

dant la grossesse qu'après l'accouchement. Plus strictement parlant, la mère doit se soigner non seulement pendant la grossesse, mais même avant, en temps ordinaire.

Il va de soi que ces « soins » sont la méthode correcte
pour créer une vie, l'absorption de la nourriture qui est la
base de la vie, la connaissance correcte de la nourriture,
c'est-à-dire, « La Macrobiotique ». Cette Macrobiotique,
connaissance correcte et profonde de l'alimentation, ne
se constitue pas de calories, d'éléments nutritifs et d'éco-
nomies, etc... mais c'est un état d'âme et la pratique de la
modestie, la reconnaissance, l'admiration profonde envers
la grâce de tout l'Univers, le soleil, l'énergie, la grande
terre, tous les soins de l'infini qui créent la nourriture, et
envers les efforts humains et celui qui organise habilement tout cela.

A un certain moment, dans les temps anciens, les
sages chinois ont cité ces « soins » dans l'éducation de
la mère enceinte « TAIKYO ». Aujourd'hui, ce « soin » est
complètement oublié. On enseigne seulement ce qui plaît
à la bouche et à la langue, aux yeux et aux oreilles, c'est-
à-dire le goût, les calories et l'hygiène superficielle, et
l'on n'attache pas d'importance au domaine de la création de la spiritualité. Avec un enseignement pareil, on
ne peut jamais former une personne qui a un équilibre
entre le corps et l'âme, même si elle prend des nourritures
très nutritives avec beaucoup de calories et de bon goût
qui plaisent à la bouche, à la langue, aux yeux et aux
oreilles. La preuve, c'est qu'il y a des personnes qui
deviennent saines et sages et éminentes en s'alimentant
de nourritures qui ne sont ni nutritives, ni riches en
calories et qui n'ont pas bon goût. Par contre, il y a beaucoup de personnes qui deviennent malades ou criminelles
en mangeant en abondance des nourritures appétissantes,
nutritives et luxueuses.

Je n'ai pas l'intention de critiquer dans ce livre, la traduction littérale de l'hygiène occidentale ou la science occidentale qui règnent dans le Japon entier, toutefois ceux qui veulent connaître ces propos en détail peuvent les trouver dans d'autres livres comme « La thèse de la Macrobiotique » ou « La Nouvelle Hygiène ».

Quoi qu'il en soit, ceux qui veulent faire naître sans peine un enfant sain, qui veulent l'élever en bonne santé sans qu'il tombe malade une seule fois, qui veulent avoir un enfant sage, n'ont qu'à pratiquer dans leur vie quotidienne l'alimentation correcte, la Macrobiotique, qui est une interprétation physiologique du Principe Unique, Yin-Yang. A la suite de la mode des idées occidentales et du développement de l'économie d'échange, les japonais absorbent généralement plus d'aliments prétendus « nutritifs » que dans le temps. Et, pourtant, la mort des enfants nourris au sein qui sont faibles congénitalement augmente d'une année à l'autre. De même, la mort à cause de la diarrhée, de l'inflammation intestinale, pneumonie, rougeole, coqueluche, etc... ne diminuent pas.

Ces maladies ont également pour origine la mauvaise constitution par naissance (à cause de la mauvaise alimentation de la mère pendant la grossesse) et de plus la mauvaise alimentation après la naissance. Ainsi, en tous les cas, la Macrobiotique est indispensable.

— *État d'augmentation de la Faiblesse Congénitale parmi les morts des enfants au sein dans la ville d'Osaka.*

année	nombre
1926	1.578
1927	1.604
1928	1.547

1929	2.283
1930	2.085
1931	2.107
1932	2.200
1933	2.230
1934	2.622
1935	2.663
1936	3.117

(Je ne parle pas ici de la vie sexuelle. Seulement, si l'on n'oublie pas de suivre les règlements Macrobiotiques, la vie sexuelle reste correcte. Les dérèglements de la vie sexuelle se produisent par la violation de la Macrobiotique.

Les écarts alimentaires, ainsi que l'utilisation d'appareils ou de matières anti-conceptionnelles apportent toujours des résultats tragiques. C'est par ce résultat que la plupart des douces jeunes filles auront des moustaches ou une ligne horizontale sous le nez ou que les garçons deviendront un homme comme une femme, sans moustaches. De telles personnes deviennent toujours malheureuses, j'attire votre attention là-dessus).

Quand les époux sont tous les deux en bonne santé et quand Yin-Yang, entre le milieu où l'on vit et la nourriture est bien équilibrée, ils auront le garçon et la fille en même proportion (comme garçon, fille, garçon, fille, ou fille, garçon, fille, garçon...) Avoir uniquement des garçons n'est pas trop mauvais, toutefois une famille qui a uniquement des filles est une famille extravagante qui n'a pas de modestie, autrement dit c'est une famille à l'alimentation luxueuse et gostronomique qui penche vers l'excès. Une telle famille tombera dans la misère si elle ne fait pas attention. Par la Macrobiotique, on peut avoir le garçon ou la fille que l'on veut.

Si l'on ne conçoit pas sans avoir une maladie particulière, c'est que l'alimentation est trop déséquilibrée. Très souvent c'est à cause de l'excès de sucre, fruits ou gâteaux sucrés. Il y a beaucoup de femmes qui conçoivent en commençant la Macrobiotique bien qu'elles n'aient pu avoir d'enfant pendant 10 ans ou même plus. Ce n'est pas la peine de se tourmenter si la femme ne peut avoir d'enfant. Elle n'a qu'à corriger sa nourriture le plus tôt possible. Stérilité ou la fausse-couche habituelles sont aussi les symptômes d'assassinats alimentaires.

Le nombre de femmes qui font une fausse couche provoquée en prétextant de leur faible santé, augmente considérablement. Il me semble que très souvent après cet avortement, on détruit la santé et l'on mène une vie souffrante comme un cadavre vivant.

Il est bien naturel qu'elle reçoive sans faute une punition sévère après un tel crime qui viole la nature.

Enfin, quand elle est enceinte, elle doit se mettre à la Macrobiotique avec plus de soin que d'ordinaire.

Le destin d'une vie est décidé en grande partie pendant ces dix mois embryologiques.

Bref, un sperme et un œuf que l'œil humain ne voit pas grandissant trois milliards de fois en dix mois. Et puisque ce grossissement dépend de la nourriture de la mère à cette époque, on aura un bébé merveilleux tant que la nourriture de la mère est correcte.

Au cours de ces dix mois, le regard, le nez, le lobe des oreilles, la forme de la bouche, le visage, la constitution, tout se décide. Et cela dépend totalement de l'alimentation de ces dix mois qui est extrêmement importante. Voici quelques exemples :

Quand la mère mange tous les jours du poisson en abondance pendant la grossesse, le nez de l'enfant qui va naître aura cette forme :　〈　au lieu de celle-ci　∠　, et sera si court qu'on ne pourra pas le saisir facilement avec les doigts. La maman sera déçue dès le commencement.

Si la mère mange habituellement plus de légumes que de céréales ou mange de la viande fréquemment, elle aura un bébé aux oreilles de renard, pointues, petites, dont surtout les lobes seront très petits ou complètement effacés. De telles oreilles devraient être appelées les oreilles du malheur à côté des oreilles du bonheur Les enfants qui ont des oreilles pareilles mèneront une vie malheureuse sans jamais devenir de grands hommes et quelquefois, ils deviennent hors-la-loi ou malfaiteurs. (Il est évident, toutefois, qu'on peut changer ce destin par la Macrobiotique.)

Les oreilles idéales sont grandes, surtout le gonflement inférieur a une lourdeur et elles sont collées sur les deux côtés de la tête de sorte qu'on ne les voit pas de face. Les enfants qui ont de telles oreilles deviennent *sans faute* des grands hommes, mèneront une vie heureuse et seront aimés et respectés.

Si la mère donne naissance à un enfant qui a un nez haut en forme comme ceci l , les oreilles grandes, bien collées, la bouche petitement fermée, le regard profond et calme, alors elle sera de première qualité, la plus apte à mener une vie heureuse.

Il est préférable que le bébé ait les cheveux clairs à la naissance. Par contre, les cheveux trop foncés ou trop durs ne sont pas bons. (La mère a absorbé trop de nourriture Yin comme les salades ou les fruits). Il est mieux que le bébé ait la tache de vin, au bas. Le corps entier doit être petit, rouge, solide. Il vaut mieux que les ongles soient longs. Le poids d'environ 2 kgs 400 (pour un bébé japonais).

Le cri du bébé doit être de préférence fort et aigu,

quoiqu'il ne soit pas bien de pleurer sans distinction. Il doit être un enfant calme qui dort où que ce soit, à moins qu'il ait faim.

Comment peut-on avoir un enfant pareil ? Avant tout, c'est la pratique de la Macrobiotique dans la vie quotidienne. Le grand homme, le sage, la personne forte et douce, la femme élégante, sont tous nés de la mère qui mange correctement des nourritures correctes et élevés par une telle mère.

Même la mère qui observe la Macrobiotique en temps ordinaire doit pratiquer la Macrobiotique avec plus de soin et plus de prudence. Voici les nourritures en moyenne pour les femmes enceintes :

REPAS PRINCIPAL. — Le riz complet fraîchement décortiqué, ou décortiqué un quart sans enlever le son. (Le riz blanc est à éviter). Il vaut mieux, si possible, le riz produit dans le pays et il faut éviter le riz d'un pays lointain. Le meilleur est le riz sans engrais chimique. Cela ne fait rien si l'aspect n'est pas beau. Si l'on ne trouve pas le riz dans son pays, l'on peut toujours prendre à la place, toute autre céréale comme le millet, l'avoine, le maïs, le sarrazin, le blé, l'orge, etc...

LÉGUME (repas secondaire). — Les légumes de la saison préparés avec de l'huile et du sel ou du Tamari. Une bouchée de légumes toutes les 4 ou 5 bouchées de riz complet). Il vaut mieux éviter les pommes de terre ou les patates douces. Il ne faut absolument pas prendre de fruits, de sucre, de gâteaux sucrés, de glace, de jus de fruit industriel, de lait, de pain blanc avec la levure.

Un bol de soupe Miso, une fois par jour, légèrement plus salé qu'en temps ordinaire. Le Miso ainsi que le Tamari doivent être produits à la manière traditionnelle, et si possible à la maison. Les produits qui se trouvent au marché sont tous chimiques (l'acide aminé artificiel).

La viande et les œufs sont à éviter autant qu'au Japon. Le poisson est admis, mais le minimum possible où il vaut mieux ne pas en prendre. On doit le manger de la tête jusqu'à la queue, tous les intestins et les écailles ainsi que les arêtes. C'est pourquoi les petits poissons sont recommandés, mais il faut les manger toujours avec 3 fois plus de légumes.

KENTIN-JIROU. — (soupe aux 5 ou 6 sortes de légumes Yang comme carotte, bardane, lotus, potimarron, radis, pissenlit, etc... préparée au Tamari), KOIKOKU (Soupe à la carpe) le saumon salé grillé, les algues marines au Tamari, bien yanguisées, le Nitsuké de bardane, les Azoukis cuits avec Kombou, etc... sont bien recommandés.

Quant aux légumes, on mange la peau, les petites racines, les fibres, tout entiers. Même les racines de l'oignon et de la bardane.

Toukémono (les navets ou les radis salés conservés des années sous pression), plus ça vieillit, mieux c'est. Miso-zouké (les légumes salés au miso) est aussi très recommandé.

Les Oumébosi secs et très vieux sont aussi excellents. Il ne faut pas prendre les salades fraîches en hiver.

MANGER ENTRE LES REPAS. — Il vaut mieux ne pas le faire. En cas de nécessité, le Moti au Tamari, le Moti aux armoises, du riz aux azoukis, INARI (du riz mélangé avec des légumes enveloppé en Tôfou frit), Soushi au Tekka, du riz sauté, pâté d'azoukis sont convenables. Les vinaigres d'aujourd'hui sont presque tous chimiques.

BOISSONS. — 2 ou 3 tasses par jour. Thé de riz, Thé de 3 ans au Tamari, la soupe de riz, Crème de sarrasin, Café macrobiotique, la crème de Kokkoh.

LES ALIMENTS DÉCONSEILLÉS. — Le Thon, le Maquereau, les Sardines, les crustacés, tous les coquilles et coquillages, tous les fruits, les sucreries, la pastèque, tomate, patate douce, la pomme de terre, l'aubergine, les fougères, les glaces...

On mange toujours assis correctement. Avant de commencer à manger, on fait le silence un instant, les mains jointes. Il faut mâcher 120 fois chaque bouché (du riz). Il faut que l'estomac ne reste jamais plein (la frugalité).

Il est très nécessaire de faire des exercices convenables chaque jour. C'est d'autant mieux qu'on fait un travail physique quelconque dans la maison.

On peut prendre le bain chaud tous les 7 jours. Le bain de siège aux feuilles sèches de radis avec du sel chaque jour est très bien. Essuyer le corps avec le gant ou linge mouillé peut être fait tous les jours.

Quand on observe la Macrobiotique de cette manière, on n'aura jamais les malaises qui accompagnent la grossesse, ni le gonflement des jambes. (Toutefois si le gonflement des jambes apparaît, on les chauffe 2 ou 3 fois par jour avec la compresse de gingembre et on mange le nitsuké de bardane, Kombou, ou Azoukis).

Dans le TAIKYO (livre pour la femme enceinte), il y a divers enseignements très détaillés tels que : il faut s'asseoir en angle droit vis-à-vis les lignes des pailles de TATAMI (le tapis qui couvre le plancher de la maison japonaise) ; pour mettre les objets dans la maison, il ne faut pas violer l'ordre et l'équilibre du milieu. Lisez de bonne heure, le matin les livres des sages ou des bonzes éminents, etc... Ce livre dit aussi qu'il ne faut pas voir des couleurs ou des choses trop violentes ou mauvaises et qu'il ne faut ni voir ni entendre les conduites immorales ou brutales. Ces choses sont trop classiques pour les femmes modernes, tout a été oublié. Même quand on les connaît, l'on n'y pense plus.

Toutefois, c'est très important et c'est ce que je recommande beaucoup à ceux qui veulent avoir l'enfant qui va devenir le grand homme ou la personne heureuse. En France, même, il est bien coutumier que la femme enceinte ne va pas au cinéma ou au théâtre, ni ne lit des romans.

Lorsqu'on observe l'alimentation Macrobiotique, en même temps que les soins sur toutes les conduites quotidiennes jusqu'à ce degré, l'enfant merveilleux naît inévitablement. De plus, l'accouchement sera très facile et si rapide que l'arrivée de la sage-femme qui habite en voisine sera souvent trop tard.

D'abord étant donné que l'accouchement est un phénomène physiologique courant, il ne doit pas être une chose souffrante. Ceux qui disent que l'accouchement est dur, sont seulement les pêcheurs qui ont violé l'Ordre de l'Univers. L'enfant de l'accouchement laborieux sera malheureux dès le commencement de la vie jusqu'à la fin. On peut trouver des exemples très banalement. L'accouchement doit être fait d'une manière naturelle comme la selle dès que le temps arrive.

Il y a des femmes qui travaillent durement jour et nuit dans la nature en habitant les villages de la montagne, qui travaillent jusqu'au moment de l'accouchement et font l'accouchement toutes seules en s'écartant des yeux des gens un petit instant. Elles reviennent au travail, le bébé sur le dos.

La meilleure posture de l'accouchement est assise ou en se baissant. Le bébé sort sans peine et tout seul par son poids. On peut se reposer pendant 2 ou 3 jours. Si, à cette période là, on ne serre pas le ventre avec la ceinture large, l'on risque d'avoir l'anémie cérébrale. Même lorsqu'on est couché, il vaut mieux changer de temps en temps la posture, sur la droite, sur la gauche et sur le dos. Il est indésirable de tenir l'oreiller bas après l'accouchement.

L'ALIMENT APRÈS L'ACCOUCHEMENT. — Dans le temps, on donnait le Moti cuit avec le Miso à la femme. Même aujourd'hui dans certaines régions, on leur donne O-Kayu (du riz cuit avec plus d'eau que d'habitude, 5 fois son volume) avec l'Oumébosi ou simplement du sel. C'est splendide.

A la Macrobiotique, on donne la boulette de riz ou le Potage épais de riz avec légumes au Miso, O-Kayu du riz glutineux, etc... à partir du 3e ou 4e jour après l'accouchement, on donne du riz complet au Goma-Sio ou les boulettes légèrement grillées au feu, avec les légumes (oignons, radis noir, carottes, etc...) cuits au Tamari avec le GANM-DOKI (pâté de soja préfabriqué et contenant quelques légumes — se renseigner au cours de cuisine), et avec du tekka. Surtout, le matin, on mange un bol de soupe miso avec un morceau de Moti.

Avec une telle alimentation les suites de l'accouchement se termineront plus vite et la matrice se contractera rapidement.

LES MALAISES QUI ACCOMPAGNENT LA GROSSESSE

Les Macrobiotiques n'ont jamais ces malaises. Ça ne vaut pas la peine d'aider celles qui souffrent de ces malaises car elles ne font pas la Macrobiotique, cependant qu'on peut les aider si elles jurent d'observer désormais la Macrobiotique pour leur propre bonheur et de ne plus prendre de bons goûts sensoriels qui plaisent seulement à la bouche et à leur langue. Si elles sont des personnes Yin, la peau claire, frileuses, celles qui ne peuvent pas supporter l'eau chaude au bain, celles qui ont le pouls lent, qui parlent et conduisent lentement, faire boire le Thé Dragon une ou deux fois par jour.

Si elles sont des personnes, par contre Yang, la peau rouge, le caractère coléreux, celles qui préfèrent le bain chaud, qui ont le pouls rapide, faire boire la décoction du *Hangé*.

Ces deux décoctions se vendent en pharmacie en herbes médicales traditionnelles (au Japon).

LES HABITS. — Avant d'être enceintes, pendant la grossesse, après l'accouchement, il vaut mieux s'habiller plus léger, plus fin possible.

3) *Les Soins du Bébé.*

— Soigner le bourgeon d'« Une vie Nouvelle ».

Le bébé idéal qui est la première œuvre de l' « École de l'Amour » — « L'Usine qui fabrique le Bonheur », doit être rouge et petit. Le bébé grand et blanc est gâché et le bébé bleu est un déchet. Votre « oiseau du bonheur » est l'oiseau rouge, tandis que le grand bébé blanc ou bleu est de mauvais augure et vous apporte le malheur.

Quand on ne vit pas macrobiotiquement l'on ne peut avoir que de tels bébés du malheur et les parents souffriront sans fin. Si toutefois, on en a un pareil ; il est trop tard pour le regretter, et l'on n'a qu'à le transformer le plus tôt possible en bébé rouge. La Mère n'a qu'à faire la Macrobiotique, ce qui est très simple.

En ce qui concerne la mortalité du bébé au sein, les morts de moins d'un mois sont les plus nombreux. Ceci nous démontre vivement combien atroce est la punition de la mauvaise alimentation pendant la grossesse de la mère. Il est vraiment dommage de faire mourir le bébé après « les souffrances de l'accouchement » à cause du manque de soins quotidiens qui ne sont pas difficiles.

Je voudrais en appeler à votre attention scrupuleuse. Même quand le bébé ne meurt pas, il est très ennuyeux de souffrir de la mauvaise santé du bébé après avoir fait un enfant faible. Par contre, une mère macrobiotique emplit toute l'année, la famille d'une ambiance gaie, joyeuse et amusante. Quelle grande différence !

C'est pour cette raison que les mères qui ont des bébés blancs ou bleus doivent se mettre à la Macrobiotique le plus tôt possible, et même les mères qui ont eu des bébés rouges doivent faire évoluer de plus en plus leur alimentation pour fortifier leur bébé de plus en plus.

Lorsqu'on ne pratique pas la Macrobiotique, l'enfant risque toujours d'attraper des maladies inattendues, même quand c'est un enfant fort. C'est la Macrobiotique qui nous donne la sécurité, même quand des épidémies, quelle qu'en soit la sorte, menacent le monde. On n'a pas peur aussi longtemps qu'on est Macrobiotique. C'est plus avantageux que de s'inscrire à une assurance sur la vie. D'abord on ne paie rien, mensuellement ou annuellement. Deuxièmement, l'assurance sur la vie ne donne pas d'argent quand on tombe malade, toutefois, on économise de l'argent en étant Macrobiotique, car la Macrobiotique prévient les maladies. Cela ne sert à rien de recevoir de l'argent après la mort...

Jetons un coup d'œil sur les livres modernes des soins aux enfants qui sont à la mode aujourd'hui ; on écrit des choses difficiles. Examinons-les du point de vue Macrobiotique :

LA THÉORIE DE L'HÉRÉDITÉ. — En parlant de la santé des enfants, on cite des théories difficiles comme l'hérédité ou l'Eugénisme. C'est contestable. D'abord la théorie de l'hérédité n'est qu'une théorie et n'est pas une vérité solide ni un principe stable. Ce ne sont encore que des hypothèses ou des suppositions et elles ne sont pas encore reconnues complètement comme des principes décisifs dont le même exemple se voit dans « l'évolutionnisme ».

Le Malthusianisme a aussi, à une certaine époque, dominé le monde. De la même manière que cette théorie a été oubliée par le monde, cet « évolutionnisme » et « la théorie de l'hérédité » pourront être enterrés bientôt. Il est dangereux d'argumenter sur notre vie ou notre santé avec de telles théories comme base. Cela ne vaut pas la peine de parler de l'Eugénisme, car ce n'est qu'une construction de la couche supérieure de la théorie de l'hérédité.

Or, on tente de régulariser par la loi la stérilisation des gens malades incurables, du point de vue eugénique. Du point de vue Macrobiotique, c'est un acte de suicide, une sorte d'homicide, d'assassinat ou de massacre d'un peuple. On veut faire une loi qui fasse cesser d'exister des malades mentaux épileptiques puisque la médecine moderne, qui ignore la nourriture (l'origine de la vie), qui ne recherche que la maladie symptomatique, ne peut pas les guérir.

Quel crime atroce dû à l'ignorance, honteux et cruel ! Si l'on pratiquait la politique et l'éducation avec de telles idées, le monde serait à l'âge des ténèbres.

La théorie de l'hérédité dit qu'il faut choisir le meilleur partenaire pour se marier, afin d'avoir les meilleurs enfants. Si le monde suivait, alors les individus inférieurs n'auront qu'à choisir leur partenaire chez des inférieurs. Cette méthode est trop égoïste en même temps qu'elle est très maladroite. Ainsi la théorie de l'hérédité et de l'eugénisme sont plus dangereux que le fascisme ou ultra-patriotisme.

D'autre part, la théorie de l'hérédité dit que l'aptitude de l'individu est héréditaire, c'est-à-dire que c'est par hérédité que les enfants faibles naissent de parents faibles. Ce ne serait pas ce que Mendel a expliqué, mais ce serait certainement un mensonge que ses successeurs ont inventé plus tard. Pour preuve, les enfants faibles ne naissent-ils pas de parents sains ou bien n'y a-t-il pas de parents faibles qui donnent naissance à un enfant sain et qui l'élèvent sainement ? Si la faible aptitude était héréditaire, Dieu serait très injuste. Quelle absurdité ce serait, si l'enfant innocent devait souffrir toute sa vie à cause de ses parents.

Je suis tout à fait sûr que Dieu est absolument juste et désintéressé. Dieu nous a donné une vie et l'état normal de cette vie doit être « la santé ». Dieu donne la santé sans distinction à tout le monde. Promenons les yeux sur la grande nature et sur le monde des êtres vivants, tous les êtres vivants qui ne tentent pas de conquérir la nature, qui n'inventent pas des choses artificielles et non-naturelles, ne vivent-ils pas bien en harmonie avec le milieu où ils vivent ?

Seul l'être humain qui viole et qui conquiert la nature a perdu la santé parfaite comme être vivant qui vit heureusement et librement en s'adaptant à la nature. Les savants disent que certaines maladies se transmettent par hérédité. C'est un dogmatisme précisément dont il n'y a pas de preuve en réalité. Une chose encore pire, c'est qu'ils disent que même la myopie est héréditaire. Et pourtant le savant ne peut le prouver physiologiquement. Que c'est impudent et honteux, quelle attitude irraisonnable de dire qu'une chose dont l'origine est inconnue est la cause des maladies incurables !

A supposer que l'hérédité de la maladie existe, ne faut-il pas avoir honte de ne pouvoir la guérir ? Comment peut-on être assez effronté pour dire : « Je ne peux rien faire, car c'est une hérédité », ou encore pire, « Faites la loi de la stérilisation ». La personne si impitoyable qui ose dire ces paroles est-elle un être humain ? Ou est-ce un homme arrogant qui s'imagine qu'il est aussi savant que Dieu ?

Moi, qui néglige l'hérédité, je peux montrer la guérison actuelle de maladies prétendues héréditaires.

Aussi, logiquement parlant, si le tempérament maladif était héréditaire, le tempérament de bonne santé devrait être héréditaire. Pourtant, pourquoi des enfants faibles naissent-ils de personnes en bonne santé ? Si cela se trouve, en réalité, on devrait saisir avant tout la raison de cet état de fait. Toutefois, la médecine moderne définit brièvement que tous les bébés faibles souffrent de faiblesse congénitale. Qu'est-ce que c'est donc que ce tempérament de naissance ? Est-ce l'hérédité ? Alors qu'est-ce que cette hérédité ?

Pouvez-vous expliquer le mécanisme de l'hérédité ? Est-ce mystérieux et incompréhensible ? Nous voulons qu'on nous réponde clairement et éclaircir la cause et la responsabilité. Si on ne la connaît pas, on n'a qu'à le dire et qu'à baisser la tête. Si on ne la comprend pas, on n'a qu'à l'étudier encore plus sérieusement.

Du point de vue Macrobiotique, la faiblesse congénitale provient totalement de la responsabilité de la mère, car le bébé est fait uniquement avec la nourriture que la mère absorbe pendant la grossesse. Soit la syphilis, soit la faiblesse congénitale, soit même les maladies du bébé au sein, tout dépend de l'alimentation de la mère. Généralement, les poumons et le cœur chez les bébés sont terriblement grands et forts en comparaison avec ceux des adultes. Même leur estomac a une forme particulière et a un système selon lequel le bébé vomit immédiatement ce qu'il a avalé en excès. Cet estomac est si habile et précis qu'il ressemble un peu à un compteur. C'est pour cette raison que la mortalité d'un enfant de moins d'un mois ou deux mois est causée par la mauvaise alimentation de la mère avant la naissance, et aussi la mortalité avant un an se produit par suite de la mauvaise alimentation quotidienne de la mère. Il n'y a pas d'autre cause.

Je me permets d'affirmer que la grossesse extra-utérine, les jumeaux, les triplés ou quintuplés, ainsi que la présentation du siège, et la stérilité et toutes les autres maladies de la femme concernant la gestation, sont causées par une mauvaise alimentation quotidienne. Même quand tout cela a été causé par des maladies vénériennes, comme la blennorragie ou la syphilis, elles sont guéries sans aucun traitement spécial, si l'on s'alimente correctement.

C'est dire que les Macrobiotiques ont l'immunité contre toutes les maladies. Cette immunité ou résistance, que la médecine moderne ne connaît pas encore, est créée par une alimentation correcte. Donc celui qui mange correctement n'a pas besoin de craindre le blennorragie, ni la syphilis. Surtout la lutte des bébés est parfaitement assurée contre n'importe quelle maladie.

Si, involontairement, j'ai trop insisté sur ce paragraphe expliquant l'hérédité, c'est par désir de vouloir vous faire comprendre qu'il est inutile à l'occasion d'élever l'enfant en étant effrayé par les paroles superficielles de l'hérédité et d'en être déçu.

Élever un enfant est un travail pratique sur place et non une étude académique, ni une théorie sur la table. On n'a pas besoin d'études difficiles. Le chien, le chat, l'ours ou l'oiseau élèvent très habilement leurs petits. Ils n'emploient jamais ni du lait artificiel, ni des médicaments. Et pourtant, leurs petits semblent très en forme et surtout leur mortalité semble très basse.

La médecine moderne enseigne « protégez les enfants contre le froid et contre la dureté de l'hiver qui est trop fort pour les organes respiratoires ». C'est une grosse erreur d'abord. Il faut que les enfants s'habillent le plus légèrement possible et qu'ils se familiarisent au climat le plus tôt possible. Il faut qu'ils respirent sans cesse l'air extérieur. Même en hiver, il vaut mieux qu'on les plonge pour une heure ou deux dans l'air extérieur. La chambre de l'enfant ne doit pas être isolée de la nature comme une serre chaude fermée par des vitres.

« L'enfant tient son tempérament de ses parents par l'hérédité. Il est incontestable que le règlement de l'hérédité eugénique est : Les enfants forts proviennent de parents forts. Si l'on a un enfant anormal, soit psychologiquement, soit physiologiquement, c'est que les parents sont anormaux ou bien il y avait des parents anormaux dans les générations passés. » dit la médecine moderne. Ce n'est pas exact, même selon la théorie de l'hérédité. L'hérédité de la psychologie ou du caractère n'est pas encore prouvée. Même la capacité ou le talent et l'habitude ne sont pas héréditaires. Il est évident que « Les aubergines ne poussent pas sur les sarments de melon ». Bien qu'il soit sûr que des parents humains ne donnent pas naissance à des petits chiens, qui est-ce qui peut conclure que les enfants sains ne naissent pas de parents tuberculeux ?

En effet, on disait il n'y a pas longtemps que la tuberculose, la lèpre et d'autres maladies étaient héréditaires et on le nie aujourd'hui. Le tempérament congénital serait la même chose, son hérédité sera bientôt niée.

Combien la vie serait triste, fatigante, misérable et sombre, s'il était tout décidé que l'enfant d'un savant est sage, l'enfant d'un voleur mauvais, l'enfant d'un myope, myope, l'enfant d'un gastroptose toujours gastroptose. Les savants peuvent devenir fous, les voleurs peuvent devenir de grands sages ou des bonzes d'une grande élévation d'âme, les myopes peuvent devenir des hypermétropes, pourquoi les enfants ne peuvent-ils pas avoir le tempérament, la mentalité, l'esprit autrement que ceux de leurs parents ?

Par nature, les bébés sont des bébés, de quelques

parents qu'ils soient, ils ne sont ni savants, ni dépravés, ni gastroptoses, ni myopes, ils ont l'immunité contre toutes les maladies, ils sont tous hypermétropes pour qu'ils puissent voir loin vers le monde, les étoiles ou le soleil. (Il est très intéressant que cette hypermétropie devienne avant qu'on s'en aperçoive de 1,2 environ). Voici la grandiose Providence divine. L'homme ne peut devenir ni savant, ni initié, ni bonze éminent sans qu'il fasse des efforts par lui-même. Dieu n'admet pas qu'on devienne savant ou éminent par Héritage et il en est ainsi de la santé.

La maladie est pareille, c'est ce que chacun fabrique soi-même. La maladie est un crime, c'est une punition de Dieu. Tous ceux qui sont prudents et discrets dans la vie quotidienne ne tombent jamais malades. Ils ne rencontrent jamais de mésaventures inattendues.

LA CONSTITUTION ANORMALE. — « Les maladies de la transpiration lymphatiques ou nerveuses doivent être confiées au médecin pour la guérison », indique la méthode moderne des soins aux enfants. Et pourtant, il n'y a pas un cas qui a été guéri. Si on s'alimente correctement, ces maladies sont guéries d'une manière naturelle, mais, avant tout, on n'aura jamais un enfant ayant de telles maladies.

COMMENT ALLAITER un enfant. — Le premier jour : Ce n'est pas la peine de donner quoi que ce soit pendant les premières 20 ou 30 heures. On n'a qu'à le laisser dormir. S'il pleure, c'est qu'il veut faire savoir que ses langes sont sales ou qu'il est étouffé. Il n'est pas non plus nécessaire de donner du sucre, ni d'autres spécifiques.

A cause de la mauvaise formation de la mamelle, l'enfant a quelquefois des difficultés pour têter. Toutefois, cela ne se produit jamais chez les filles Macrobiotiques.

Il est complètement inutile pour les Macrobiotiques d'antiseptiser le sein ou la bouche du bébé. Les Macrobiotiques n'auront jamais d'inflammation aux seins, ni de cancer du sein.

Il est impossible d'élever l'enfant de l'homme normalement avec du lait de vache. Si la mère n'a pas de lait comme il faut, on n'a qu'à donner la matière originelle du lait sous forme convenable (soupe de riz, lait de céréales, kokkoh, etc...).

On peut donner du lait autant que le bébé en boit, car lorsque l'alimentation de la mère est correcte, la quantité de lait qui sort n'est ni trop abondante, ni trop petite. La quantité de lait de céréales ou de soupe de riz est indiquée dans le tableau ci-dessous. Il ne faut jamais utiliser le lait de vache, le lait en poudre industriel, le lait condensé, le lait stérilisé, etc...

Emploi du lait de céréales en poudre

Age	Dilution	Nombre par jour	Quantité chaque fois	Quantité par jour	Calorie par jour
1er jour	180 g. d'eau	0-2	0-5 g.	5 g.	—
2e jour	6 g. poudre de lait	3-5	10 g.	10 g.	6
3e jour	»	5-6	20 g.	110 g.	15
4e jour	»	7	30 g.	210 g.	30
5e jour	»	7	50 g.	350 g.	50
6e jour	180 g. d'eau 12 g. poudre	7	60 g.	420 g.	120
7e jour	180 g. d'eau	7	70 g.	490 g.	140
2e semaine à	180 g. d'eau	7	80 g.	560 g.	320
4e semaine ..	24 g. poudre	6	110 g.	660 g.	380
1 mois	180 g. d'eau 24 g. poudre	6	130 g.	780 g.	450
2-3 mois	»				
4-6 mois	»	5	180 g.	900 g.	520
6-8 mois	»	5	200 g.	1000 g.	570
9-12 mois	»	5	200 g.	1000 g.	570

Nota :

Pour le goût, on peut ajouter une petite quantité de sucre noir naturel ou de sucre de riz ou de blé qui donnera un goût doux comme le lait de la mère. Diluer bien avec de l'eau chaude et puis faire mijoter à petit feu pendant une vingtaine de minutes. Ajouter une cuillerée à café pour 200 cc. de lait de purée de radis noir (ou son jus).

Utilisation pour les enfants :

Le lait de céréales est la meilleure boisson pour les enfants qui poussent. On peut faire une crème assez épaisse et y ajouter du café OHSAWA.

On peut également créer et faire des gâteaux et des biscuits ou des beignets, etc... (lorsque les selles de l'enfant sont claires, on ajoute très peu de sel. Si l'on ajoute trop de sel, les selles deviennent foncées (noir-rouge) ou l'enfant sera constipé).

- Pour les malades :

Aussi très efficace sous forme de crème.

- Pour les Adultes :

Le lait de céréales peut être préparé avec un peu de purée de fruits et servi aux invités comme boisson.

Recette du lait de céréales :

600 g. de riz glutineux (complet).
350 g. de riz complet.
 50 g. de sésame blanc.

Bien griller, mélanger, moudre au moulin de pierre en poudre fine et tamiser le plus fin possible.

BAIN. — Le bébé est très mou et si glissant qu'il est difficile de lui faire prendre un bain. Toutefois, il ne faut pas le confier à d'autres personnes plus habiles et c'est la mère qui doit le faire. Quand on le pratique par soi-même, on trouve que c'est très amusant.

Le bébé macrobiotique n'a pas besoin de talc pour la peau.

LE BÉBÉ PRÉMATURÉ. — Cela ne se produit jamais avec les macrobiotiques. Toutefois, on peut l'élever merveilleusement avec la Macrobiotique.

Les Maladies. — Même la syphilis soi-disant héréditaire est guérie par la Macrobiotique, il n'y a donc rien à craindre.

Il y a des maladies diverses comme la conjonctivite, le tétanos, les maladies du nombril, l'érésipèle, l'hydropisie cérébrale congénitale ou syphilitique, etc..., etc... mais aucune crainte ni inquiétude n'est nécessaire si l'on fait la Macrobiotique sérieusement à partir de l'époque de la grossesse.

LA FONTANELLE. — Si la jointure des os de la tête chez l'enfant n'est pas hermétique après environ un an et demi, c'est que les éléments nutritifs du lait de la mère sont imparfaits par suite de sa mauvaise alimentation. Il y a eu un cas de guérison totale par la méthode Macrobiotique, même si la fontanelle de cet enfant ne s'est pas fermée à l'âge de neuf ans. Le développement de cet enfant était mauvais et il ne pouvait pas aller à l'école. Au bout de six mois de pratique Macrobiotique, tout a été normalisé.

MANQUE DE LAIT MATERNEL. — Le nombre de mères qui n'ont pas assez de lait augmente de la même manière que le nombre des enfants qui souffrent de soi-disant faiblesse congénitale. Ces phénomènes se sont produits par suite de la décadence de la qualité des aliments. Les selles, la diarrhée, les selles écumeuses, les selles non digérées, les selles qui ont une mauvais odeur, les selles qui ne partent pas facilement au lavage avec simplement de l'eau, etc... sont causées par la nourriture erronée de la mère. La mère qui ne donne pas un lait sain pour produire un enfant merveilleux est une femme qui n'est pas qualifiée pour se nommer « une mère ». La cause de cette augmentation est due à la disparition des leaders et des éducateurs qui connaissaient la tradition du vrai savoir-vivre.

Il y a longtemps que beaucoup de personnes savent qu'en cas de manque de lait, on le regagne en s'alimentant de : 1) repas élémentaire macrobiotique, 2) Koïkoku (soupe de carpe), ou soupe Miso contenant un morceau de Moti. Les conseils qui disent « Prenez des fruits », ou « Mangez des légumes en abondance », ou « Absorbez des protéines », sont faux, microscopiques et absurdes. Il ne faut pas se perdre avec de tels conseils.

C'est un mensonge que la mère qui donne du lait perd l'éclat de sa beauté plus vite. En réalité, elle perd sa beauté en donnant du lait puisqu'elle est une femme de mauvaise alimentation qui fait perdre la beauté plus vite. Si c'est une femme macrobiotique, elle gagnera de plus en plus la douceur et la profondeur sur son visage éclatant de beauté et de l'amour d'une mère à mesure qu'elle donne du lait. Une femme qui n'a jamais élevé d'enfant laisse voir quelque air solitaire et froid, même quand elle se soigne par toutes les méthodes esthétiques.

Il est surtout bien connu que les femmes carnivores perdent leur beauté très subitement, vers l'âge de 40 ans.

LA MÈRE MALADE. — Le lait d'une mère malade n'est pas gênant. Il est de beaucoup préférable au lait de vache.

LE SEVRAGE. — Il faut cesser de donner du lait vers un an. Lorsque le bébé aura des dents, les nourritures à mastiquer lui seront nécessaires. C'est la nature, c'est l'ordre. Si l'on continue à donner du lait jusqu'à 3 ou 4 ans, l'enfant devient une personne malheureuse, sans volonté, égoïste, capricieuse... La mère dit : « Mon enfant n'arrête pas de téter, il n'y a rien à faire », c'est un peu comme si elle confessait qu'elle est, elle-même une femme de faible volonté, désordonnée et à l'esprit lourd.

Il est mauvais de donner des biscuits ou des gâteaux sucrés à partir de 6 ou 7 mois. A l'approche de l'époque du sevrage, la mère commencera à donner des aliments cités ci-dessus, en les mastiquant bien. Elle augmentera la quantité de jour en jour et bientôt elle donnera une boulette de riz, à moitié-décortiqué et un gros morceau de légume Yang de sorte qu'il ne pourra pas l'avaler. Il ne faut jamais donner ni œufs, ni poissons, ni viandes.

Il est idéal de ne pas donner de protéines animales jusqu'à l'âge de 15 ou 16 ans. Les conformistes modernes recommandent de prendre beaucoup d'œufs, poissons et viande, même pendant la grossesse, c'est un grand crime.

De tous temps, les japonais vivaient sur une base d'aliments végétariens et ont tous vécu bien portants. Il n'est guère nécessaire d'abandonner cette habitude alimentaire traditionnelle qui date de 3.000 ans et d'adopter les méthodes modernes qui ne s'appuient pas sur un principe solide.

Dans les dix dernières années, combien de fois les enseignements de l'hygiène et de la médecine moderne n'ont-ils pas changé d'une manière extrême, et on ne sait pas combien de fois et comment ils changeront encore.

Mais comment peut-on changer si fréquemment sans honte ! N'est-il pas plus sûr de suivre la méthode de vie qui n'a montré aucun défaut depuis 3.000 ans que de suivre les méthodes modernes changeantes et incertaines ?

Élever un enfant ou vivre sainement et joyeusement, n'est pas une étude théorique. A plus forte raison, ce n'est pas un monde que la science peut acquérir si facilement. Bernard Shaw (philosophe anglais), sain à l'âge de 90 ans, NITIREN (1253, rénovateur du Boudhisme, fondateur de la religion de SOKAGAKKAI), SHINRAN (fondateur de Sinsyu-secte vraie du Boudhisme, voir le Principe Unique), KOBO (774-835, le grand maître boudhiste qui a inventé les caractères HIRAGANA japonais), étaient tous végétariens.

TRAITEMENT DU BÉBÉ. — Le traitement de l'enfant au sein est le premier pas de l'éducation, la construction fondamentale de la personnalité. Il est très regrettable qu'il y ait peu de mères qui réussissent en ce point. Avant tout, il faut le traiter le moins possible. Il ne faut pas le prendre dans les bras, sauf pour lui donner du lait. Embrasser, bercer un bébé parce qu'il pleure, le bercer, parce qu'il ne dort pas, etc... tout cela est inutile et donne plutôt une mauvaise influence. Il est suffisant de s'en occuper lors de l'allaitement. Cela prendra quinze minutes chaque fois, tout de même deux heures par jour. Il faut utiliser ces deux heures pour les lectures ou d'autres études ou pour le repos.

Il ne faut pas passer ce temps distraitement ou en dormant. Les mères qui travaillent doivent utiliser ce temps pour lire des livres ou apprendre des poésies, afin d'élargir leur culture insuffisante. La mère manquera l'examen si elle doit se retirer furtivement comme une voleuse après s'être assurée que le bébé commence à dormir.

On doit laisser faire le bébé, soit qu'il ait les yeux

grandement ouverts, soit qu'il pleure, dès qu'on a fini de donner autant de lait qu'il faut. Il ne faut jamais lui permettre le luxe.

Le bébé dort dès qu'il a sommeil. S'il pleure sans raison particulière, c'est qu'il est de mauvaise humeur à cause de la mauvaise alimentation de la mère. Il n'y a pas un animal, hormis l'homme, qui s'occupe de ses enfants autant que l'homme, pour les élever. Les animaux élèvent leurs enfants selon la nature.

SELLES ET URINE. — Il faut entraîner le bébé à faire les évacuations sous la pression des mains de la mère, dès que possible, même à partir du troisième jour ! Le bébé a de la tenue et n'est pas relâché au point de faire ses besoins pendant son sommeil. Il le fait dès qu'il se réveille, mais il le signale, avant que ça commence, en grognant. Si l'on ne tarde pas à saisir ce moment, le bébé ne salira pas ses langes et la mère sera soulagée d'autant.

LES JOUETS. — Moins il y a de jouets, mieux ça vaut. Les jouets ne sont pas indispensables et il vaut mieux qu'on ne les lui donne pas. Le bébé n'a pas encore la capacité de distinguer les beaux jouets. C'est drôle que les adultes achètent de beaux jouets en considérant le bébé comme eux-mêmes. Le hochet lui fera contracter de mauvaises habitudes.

LES HABITS. — Rien n'est meilleurs que le coton. Surtout pour les vêtements, le coton blanc est le mieux de tout. Dans un temps où ni l'économie d'échange ni l'économie capitaliste ne se développaient, on utilisait, pour les vêtements de dessous et pour les kimonos le coton jaune et rouge, teint avec des fleurs ou des herbes sauvages qui servent à fortifier la peau, par conséquent qui sont efficaces pour améliorer la santé. Or, de nos jours, toutes les couleurs sont faites avec de la teinture d'aniline et sont très nuisibles.

Comme je l'ai déjà dit, il faut habiller le bébé le plus légèrement possible, de sorte qu'il puisse bouger librement. Il est insupportable pour le bébé d'être emballé solidement comme un colis. On voit de plus en plus de bébés qui sont enveloppés dans des habits de duvet de plusieurs couches, comme des Esquimaux. C'est très embarrassant pour les bébés qui sont Yang par nature. Il faut surtout les garder légèrement vêtus ou nus au-dessous des hanches.

Au fur et à mesure que le bébé grandit, toutes sortes de maladies atroces telles que les maladies de dents, la dysenterie infantile, la diphtérie, la pneumonie, la tuberculose surviennent. Or, les Macrobiotiques n'ont aucune inquiétude à avoir.

Enfin, on reconnaît là, combien la Macrobiotique mérite de reconnaissance. A condition qu'on s'alimente correctement chaque jour, l'on échappe aux maladies vénériennes, aux maux de la grossesse, on aura un accouchement sans douleur, un bébé magnifique, du lait autant qu'il en faut et l'enfant dormira en paix, sourira sans arrêt et poussera sainement. La joie familiale après avoir eu le bébé est particulièrement grande. L'avant-scène de la vie commence.

Mes chères jeunes mères ! Vous êtes heureuses !

Même si votre vie était malheureuse, vous pouvez reconstruire une vie heureuse à nouveau en élevant des enfants.

La grande joie d'élever des enfants, de nouvelles vies est permise exclusivement aux mères. On éprouve une grande joie même en élevant des plantes et des fleurs de serres. *A fortiori*, un enfant de l'homme. Il parle et comprend les paroles. Il étudie .

Bientôt, il causera avec sa mère. Lorsque vous serez dans les souffrances, dans les difficultés, vous recevrez un courage et une force cent fois plus grands, grâce à l'existence de vos enfants.

Lorsque vous lutterez contre les vagues violentes de la vie, pour les traverser, lorsque vous serez lasse, désireuse de repos, votre enfant vous prendra sur son dos avec ses mains douces, mais solides. Il vous protégera en vous défendant des grandes vagues et des vents violents.

Quelle vie heureuse !

J'ai vu en Europe et aux États-Unis, des maisons de retraite pour les vieillards, où de nombreuses personnes âgées sans enfants, poursuivaient leur vie. J'y ai vu des gens âgés solitaires qui mangeaient dans les cafés et dans les restaurants, en lisant des journaux.

La tristesse, la mélancolie et la solitude vers la fin de la vie, guettent les gens qui n'ont pas élevé d'enfants... Cela est pénible et triste à voir.

Il est lâche de refuser d'élever des enfants sous prétexte de difficultés économiques ou de plaisir. Même le chat ou le chien n'élèvent-ils pas merveilleusement leurs enfants ? Sans aucun doute, l'enfant sera une grande charge. C'est lourd puisque c'est un grand bonheur. Cependant, ne comprend-on pas la vie précisément après l'endurance de grandes difficultés ? Il n'y a jamais de joie sans souffrance.

LE BONHEUR EST UNE RÉCOMPENSE QUI EST DONNÉE UNIQUEMENT A CEUX QUI ONT ENDURÉ LE MALHEUR.

Chapitre IV

L'ALIMENTATION DE L'ENFANCE
ET DE LA JEUNESSE

— La construction fondamentale de la Vie
se termine à 6 ou 7 ans —

A la période de sevrage, le mieux est de donner des repas macrobiotiques mastiqués par les parents. La mère qui ne peut cesser de donner du lait agit en raison de sa propre faiblesse d'esprit.

On peut commencer avec du riz semi-décortiqué ou tout autres céréales telles que le riz complet, le millet, l'avoine, l'orge, le panic, etc... qui sont produits dans chaque région, et un peu de légumes qu'il faut bien mastiquer.

Il faut faire attention de mettre peu de sel, la moitié ou le tiers de la quantité pour adulte. Il est vrai qu'on peut facilement effacer le sel en excès, car l'enfant demande tout de suite de l'eau ou du thé. Si les selles sont trop dures, c'est que le sel est en excès et l'on n'a qu'à diminuer la quantité.

Un ou deux mois après le sevrage, on commence à donner de petites boulettes de riz semi-décortiqué. Les légumes comme le radis noir yanguisé en gros morceaux sont convenables pour que l'enfant suce seulement le sel et le jus sans avaler le légume entier. Ou bien, on continue de donner des légumes mastiqués.

L'enfant macrobiotique n'a jamais le nez qui coule, ni ne bave, ni n'a de selles vertes ou molles ou trop dures.

Les évacuations sont toujours très régulières. (Si les selles du bébé au sein ne tombent pas des langes simplement avec de l'eau, c'est que le sel fait défaut. On n'a pas besoin de savon).

Les légumes qu'on donne aux enfants doivent être forcément des légumes végétaux. Il ne faut absolument pas donner de viande ni d'œufs. Le poisson, les volailles, le lait de vache ne sont pas nécessaires. Le lait qui est un aliment liquide est pour les animaux qui n'ont pas de dents. En dehors de l'homme, il n'y a pas un animal avec des dents, qui boive du lait... S'il était convenable de recommander du lait de vache, celui de la mère humaine devrait être aussi bien. Néanmoins l'enfant qui boit le lait de la mère jusqu'à 4 ou 5 ans aura une constitution faible, le visage ovale trop long, à cause du manque de minéraux.

Le lait de vache est pareil. Presque chaque jour nous voyons des enfants qui sont pareillement devenus faibles par suite de l'absorption de lait de vache ou des produits laitiers. Il y a surtout beaucoup d'enfants qui tombent en méningite avant la fin de l'enfance parmi ceux qui ont été élevés avec le lait de vache ou ses produits.

(Toutefois, au nord du Japon ou toute autre région nordique, les adultes ainsi que les enfants peuvent prendre sans risques du lait de vache ou ses dérivés qui sont produits dans ces pays, comme boisson ou repas agréables au goût, si peu soit-il).

Il n'y a pas de repas particulier pour les enfants dans la méthode macrobiotique. Il n'est guère nécessaire de chercher des repas modernes et chers qui ne sont connus que depuis plusieurs dizaines d'années, afin d'apporter des vitamines ou du calcium, etc... Depuis trois mille ans, les enfants ont poussé normalement et les grands sages, tels que Shinran, Honen, Kôbô, etc... sont apparus ainsi. Ces produits recommandés par la nouvelle hygiène comme les fruits, le lait de vache ou de chèvre, le beurre ne peuvent surtout pas être fournis également aux gens du monde entier pour des raisons économiques. Ce n'est ni égal ni juste que l'on poursuive exclusivement sa propre santé en cherchant des nourritures particulières qui ne peuvent pas être partagées avec tout le monde. Si l'on ne peut pas avoir la santé en prenant des repas qui sont également procurés à tout le monde, il vaut mieux mourir.

Nous ne prenons pas la position de négliger les vitamines ou le calcium. Seulement, nous craignons le danger de mettre une confiance totale en la science concernant la nutrition ou la physiologie ou la vie puisqu'elle est encore incomplète et nous craignons le danger d'affirmer une vie inconnue et d'instruire la vie quotidienne avec des découvertes minimes qui ne sont même pas un petit coquillage au bord de la mer de la Vérité.

Bien que le monde ne soit pas si petit, il n'y a pas un grand savant qui affirme que la physiologie et l'hygiène modernes sont à peu près parfaites. Au contraire, tous les grands savants reconnaissent leurs imperfections. D'ici les 10 ans à venir, la physiologie et l'hygiène changeront énormément, comme on a vu des changements considérables ces dernières 10 années.

Aussi, un savant si grand soit-il, ne peut décider la quantité précise par personne et par jour de Vitamine A, B, C, D, E... Cela ne se peut, ni plus ni moins. Même en ce qui concerne une chose indispensable comme l'oxygène, si on respire trop, on meurt immédiatement. Même une petite quantité infinitésimale de Manganèse (même 0,50 g.) est trop pour le corps humain. Toutefois, c'est aussi dangereux s'il n'y en a pas du tout. Il en est de même pour la quantité de Vitamines.

Quoi qu'il en soit, toute autre chose à part, il est trop tôt de discuter la vie par la science, puisque la science ne connaît pas encore cette « vie ».

Même si l'on avait pu décider les quantités de Vitamines, de Manganèse, de Calcium, l'on ne peut affirmer la vie en totalité par cela, car l'homme ne vit pas uniquement avec ces éléments. Ce serait une grande erreur si l'on fabriquait uniquement des avions, si l'on préparait uniquement une armée d'avions, si l'on affirmait uniquement l'importance de cette force, parce que l'avion est une âme très efficace dans l'armée.

Il est très simple d'élever les enfants par la Macrobiotique. On n'a nullement besoin ni de conseils spéciaux, ni de nourritures particulières. On n'a qu'à prendre les nourritures correspondant au pays selon les Yin-Yang. (Par exemple, il ne faut pas prendre du sucre ou des bananes où cela ne pousse pas.

Ce qu'il ne faut pas absorber en quantité dès l'enfance ou la jeunesse, même produits dans le pays, ce sont les produits animaux tels que le poisson, la viande, etc... Les produits qu'on a commencé à produire récemment (le lait, la pomme de terre, les fruits cultivés, les tomates, etc... au Japon), ne doivent absolument pas être absorbés même en petite quantité. La petite quantité devient énorme si l'on en prend tous les jours.

Il n'y a pas de régime spécial pour l'enfant et pour la jeunesse. Toutefois, il arrive quelquefois que les enfants macrobiotiques semblent apparemment moins bien portants que les autres qui se nourrissent selon l'hygiène moderne plus riche, c'est-à-dire : taille moins grande, poids moins élevé, etc... Mais ce n'est pas du tout la peine de s'inquiéter. Les enfants nourris luxueusement, qui tombaient malades souvent, qui n'obtenaient pas de bons résultats à l'école malgré leur « très bien » à la visite médicale, et malgré leur belle apparence, n'attrapent plus un rhume, obtiennent de bons résultats à l'école en commençant la Macrobiotique quoiqu'on leur donne « bien » à la visite médicale. C'est l'effet que nous constatons fréquemment. Cela se produit à la suite de l'imperfection des critères de l'examen médical moderne qui est superficiel.

« L'homme n'est pas un cochon ». Grossir sans discernement n'est pas son genre. La grande taille est sans valeur si l'on n'a pas une bonne santé. Les enfants peuvent faire du sport tant qu'ils ne deviennent pas le champion. Les marches d'une ou deux heures par jour pour aller à l'école sans employer les trams ni les autobus, ou les nettoyages de la maison sont les meilleurs exercices pour les enfants. Les sports ou les gymnastiques mécaniques limités à une heure fixe, ne sont pas tellement efficaces pour la construction fondamentale de l'homme.

Je ne suis pas nécessairement contre les sports et les gymnastiques, mais je n'en vois pas particulièrement la nécessité. Si la famille est riche, on peut laisser les enfants faire du sport. Cependant, on constate bien que les premiers traînards aux marches forcées dans l'armée se trouvent très souvent parmi ceux qui étaient les champions de sports à l'université ou au lycée. Dans une famille qui n'est pas riche, il est aussi bien de demander aux enfants d'aider aux travaux ménagers. Les nettoyages de la maison ou les courses ou les commissions sont aussi bien. Ou aider à la vaisselle dans la cuisine. Craindre d'enlever aux enfants la liberté de s'amuser, c'est l'amour aveugle de la mère. Il est mieux de le faire sans cesse travailler avec responsabilité. Cela cultivera inconsciemment la patience, la conscience attentive et l'endurance chez l'enfant.

Chez M. Couquille, un écrivain français de mes amis, la bonne venait pour faire le ménage seulement une ou deux heures le matin et le soir, chaque jour, alors qu'il avait deux petits enfants et que sa femme était toujours occupée étant directrice d'un lycée féminin. Pourtant les deux enfants qui avaient environ 3 ans, jouaient tout seuls. Ils avaient très peu de jouets parmi lesquels se trouvait un chiffon. Paulette, la sœur cadette, jouait avec ce chiffon qui devenait parfois le manteau d'une poupée, parfois la serviette à porter d'autres jouets. Mais dès que la bonne venait et commençait le nettoyage, ce chiffon servait comme torchon pour essuyer le plancher de chaque chambre. Cette petite Paulette jouait en essuyant les planchers ou les murs et les chaussures de tout le monde. Ainsi on appelait Paulette « Chiffon ». Ses parents l'appelaient dans la plupart des cas « chiffon ». Moi-même je l'appelais « Chiffon ». On appelle couramment les enfants par un surnom charmant en France. « Chiffon », « Bout de chou » « mon lapin », « petit coco »... Si l'on donne, dès l'enfance, l'habitude à une petite fille de s'amuser au nettoyage, cette petite fille deviendra sûrement une très bonne épouse. Cette appellation des enfants par un surnom n'est-elle pas merveilleuse en comparaison avec l'égoïsme de donner à ses propres enfants les noms les plus beaux ou les plus intelligents du monde entier ?

Apparemment, il semblerait insignifiant de les faire s'habituer à la vie actuelle, mais cette discipline dans la vie est extrêmement importante. Cela donnera aux enfants l'habitude de s'amuser pendant le travail. Les nettoyages, faire les commissions, porter les sacs pendant les courses, etc... sont les entraînements de la vie, les exercices de la vie réelle. Les enfants qui n'ont pas de telles occasions, puisqu'il y a la bonne, ou des domestiques, sont malheureux et pitoyables. Il y a souvent, parmi les enfants qui ont été élevés dans une telle famille riche, gâtés par une mère trop sentimentale, sans père, des gens qui montrent plus tard des anomalies mentales, comme la neurasthénie, l'hypocondrie, la constitution paranoïaque, la jeunesse dépravée, la schizophrénie, ... La mère a en tous les cas une tendance à tomber dans un amour aveugle. Elle aime trop ses enfants.

Même l'amour indispensable dans la vie ne doit pas être dépassé. (A plus forte raison, les éléments comme les Vitamines ou le Calcium !).

Enfin, l'indication pour l'alimentation de l'enfance et de la jeunesse, c'est de donner à manger des nourritures correctes le plus strictement possible.

Dans les livres d'hygiène moderne ou de méthode moderne des soins aux enfants, etc... on trouve des choses très compliquées, tandis que d'après la Macrobiotique tout va bien à condition qu'on donne aux enfants des aliments corrects, les plus simples et les plus naturels possibles. On en doute quelquefois en disant : « Comment est-ce possible par des moyens aussi simples ? » Cependant, regardez bien la nature. Tous les êtres vivants en dehors de l'homme se nourrissent avec des aliments simples que la nature leur donne. Les enfants d'une famille pauvre qui ont été élevés près de la nature sont extrêmement plus forts que les enfants d'une famille riche qui ont été élevés avec beaucoup de soins et comme dans une serre chaude. La plus grande nécessité c'est une nourriture correcte, simple et naturelle. C'est extrêmement facile et pourtant très important.

Regardez les oiseaux qui volent dans le ciel. Ils ne

sèment pas, ne récoltent pas, ne conservent pas. Au printemps ils picorent les jeunes feuilles et les bourgeons
avec la joie, en été, ils chantent en mangeant des herbes
abondantes, à l'automne ils volent et dansent en prenant
les feuilles qui vont bientôt mourir, et en hiver, ils chantent toujours en cherchant dans la neige les feuilles mor-
tes ou les feuilles solides qui ne tombent pas. Et pourtant, ils sont toujours bien portants.

Il n'y a encore ni hôpital ni médecin pour les moineaux. Bien qu'on se moque beaucoup d'eux, les corbeaux
n'attrapent pas la fièvre parce qu'ils ont été trempés par
la pluie. L'homme ne peut pas tirer de vanité en disant
qu'il est le roi de la création s'il attrape un rhume à
cause du froid, du vent, et s'il attrape le catarrhe au som-
met des poumons après avoir été mouillé par la pluie.

Il y a une parole chinoise qui dit « Les meilleurs bois
pour le faîte ou pour la poutre ne poussent pas dans les
terrains riches ».

C'est-à-dire que les bois solides qui sont utilisés pour
les principales constructions importantes telle que le
faîte ou la poutre, ne poussent jamais dans les terrains
au sol riche, dans les champs ou les plaines, *a fortiori*,
dans les serres. Ils ne poussent que dans des terrains
sans engrais ni fumier, des terrains sauvages qui sont
toujours balayés par le vent, la tempête, la neige et la
glace, qui contiennent beaucoup de sable et de rochers,
tels que des hautes montagnes. Les bois qui poussent
abondamment mais facilement dans les terrains riches
en fumier n'ont qu'une faible résistance et ne sont pas
très durs puisqu'ils n'ont pas été fortifiés par l'entraînement sauvage de la grande nature. Si on veut faire des
enfants utiles, comme les bois du faîte ou de la poutre,
capables d'accepter les responsabilités lourdes et importantes du monde, des enfants qui accomplissent leur but

dans la vie, sous toutes les difficultés de la vie, et si l'on veut fabriquer un homme qui se destine aux colonnes les plus importantes de la vie, support le plus important de l'État ou construction la plus importante de l'humanité, l'on n'a qu'à donner aux enfants les aliments les plus simples, les plus naturels et les plus anciens. Les nourrir avec les repas les plus sauvages, les plus campagnards, les moins délicieux, les plus grossiers possible. Voilà le secret de l'alimentation idéale pour l'époque de l'enfance et de la jeunesse.

Beaucoup de grands hommes, grands philosophes, grands religieux, grands politiciens, ne sont-il pas tous nés dans une famille pauvre ? La civilisation de l'Empire romain n'a-t-elle pas été piétinée par les barbares sauvages du Nord ?

Ah ! heureux sont ceux qui vivent pauvrement !

Pour ceux qui sont riches, il est plus difficile d'entrer dans le monde du bonheur que de traverser le trou d'une aiguille sur un chameau. Malheureux sont ceux qui sont riches !

Abandonnez l'esprit ignoble de poursuivre la fortune, la commodité, les plaisirs des sens et d'abuser du confort !

Le vrai bonheur n'est donné qu'à ceux qui sont « pauvres d'esprit », modestes et justes.

Le plus grand malheureux est celui qui est orgueilleux, qui s'estime toujours supérieur. Il aura toujours les plaintes qui sont les plus désolantes pour lui. Voilà, c'est l'enfer.

Cherchez ce qui est simple, ce qui est naturel !

N'ayez pas peur des aliments indigestes ! La peur est l'esprit de celui qui a déjà été battu ! Ayez la force d'esprit de digérer même les bois, même les pierres et même le fer ! Sinon, vous serez enfin un vaincu, un déchu de la vie. S'il fallait un exercice pour le corps, il le faudrait pour les organes intestinaux. On doit donc donner abondamment des nourritures indigestes aux intestins. Bien que les nourritures indigestes ne soient pas indispensables pour les organes, elles sont nécessaires pour la vie. Si vous en doutez, prenez uniquement de l'oxygène qui n'est que le $1/5^e$ de l'air. Vous mourrez immédiatement. L'oxygène sans quoi on ne peut pas vivre une minute, n'est que le $1/5^e$ de l'air. Les $4/5^e$ sont des éléments indigestes.

L'hygiène ! Les aliments nutritifs modernes ! Retirez-vous !

Nous sommes ceux qui vivent de la justice !

Nous sommes les enfants de la grande nature !

Nous sommes ceux qui sont convaincus que seuls ceux qui suivent l'Ordre grandiose de l'Univers sont heureux.

Tous les malheureux sont des criminels. Les malades ainsi que les ignorants, sont des criminels qui ont violé la loi de la grande nature.

Nous vivons « la loi de l'identité de l'homme et la terre ». Vivre « la loi de l'identité de l'homme et de la terre », c'est être assuré par « l'assurance du bonheur ». C'est que nous devenons les Éternels Heureux.

CHAPITRE V

L'ALIMENTATION DE L'AGE ACTIF

A partir de 20 ans environ, l'homme se lance dans la vie et entreprend des activités sociales. Ceux qui ont été élevés à la macrobiotique jusqu'ici n'ont plus besoin d'instruction particulière. Si l'homme a préparé sa construction fondamentale à la macrobiotique jusqu'à cet âge, on peut le laisser faire plus ou moins selon la nature. Quand on a contracté une bonne habitude jusqu'à 20 ans, l'on ne se trompe pas tellement en agissant selon les circonstances dans n'importe quelle situation.

Puisque la compréhension est plus faible que le sentiment et la volonté, et que la capacité de critique n'est pas suffisamment grande jusque vers 20 ans, il serait nécessaire que non seulement ceux qui n'ont pas reçu l'éducation macrobiotique mais même ceux qui ont observé la macrobiotique dans la vie quotidienne, comprennent et étudient le principe de la Macrobiotique, la théorie de la vie, et établissent à cet âge la capacité de critique générale sur l'alimentation, la vie, un métier et un but, etc...

Il est idéal d'enseigner d'une manière claire à l'école secondaire, la conception de la nourriture comme l'origine de tous les phénomènes de la vie — la relation entre la santé et la nourriture, le caractère et la nourriture, la nourriture et la vie, etc... En réalité il serait encore mieux d'enseigner comme dans le temps au Japon, la relation entre la totalité et la partie, la vie et l'Univers, la grande Nature, quoique ce doive être une nouvelle interprétation de la philosophie et du savoir-vivre. L'histoire de l'école secondaire est la meilleure occasion pour enseigner la relation entre l'apparition et la disparition d'un peuple et la nourriture.

En tous les cas, les jeunes gens qui vont se lancer dans la vie doivent saisir, « la loi de l'identité du corps et de la terre », au plus profond d'eux-mêmes. A vrai dire, l'éducation doit être totalement celle qui concerne « la loi d'identité du corps et de la terre » et son origine, le Principe Unique, le compas de la navigation de la vie. Celui qui juge, sélectionne, et met en ordre tous les événements et tous les problèmes qui se produisent sans arrêt dans la vie, avec ce principe et cette loi qu'il a bien saisis, pourra mener une vie heureuse et pacifique immanquablement.

La vraie éducation, c'est de faire savoir ce qu'est l'étude, de faire pratiquer l'alimentation correcte, et de faire saisir le principe qui établit la santé. Et quand je dis « étude », je veux dire apprendre par soi-même, se poser des questions à soi-même, inventer et découvrir par soi-même, et non pas « retenir des choses en écoutant » comme un phonographe, ainsi que l'on fait actuellement.

Si on établit d'abord la confiance en la santé absolue, on mène une vie sans aucune incertitude. Si l'on a, un pas de plus, confiance en une vie saine et puissante qui ne cèdera jamais à personne, l'on pourra se mettre avec certitude aux entreprises ou aux occupations diverses. De plus, en face de n'importe quelle difficulté, il n'hésitera pas et ne se découragera jamais, bien que son intérêt grandisse de plus en plus. Il est donc plus important que tout, de posséder la loi fondamentale de la nourriture et du phénomène de la vie. Même s'il a été élevé macrobiotiquement, celui qui ne connaît pas ou n'a pas appris ces lois et ce principe, tombera dans de grands embarras dès qu'il sera mis dans un nouveau milieu ou dès que la génération changera ou qu'il sera entraîné dans une nouvelle culture, car il n'a pas la capacité de critiquer ou de créer une nouvelle tradition. Le meilleur exemple est le Japon. Son peuple qui a perdu depuis 100 ans sa tradition d'alimentation s'est détourné et est perdu dans l'alimentation moderne, dans l'hygiène et la médecine occidentale, a affaibli la santé générale du peuple, consacre un budget extraordinaire aux médicaments. C'est ce qui peut se produire pour un individu.

Donc, pour l'alimentation de l'âge actif, ce n'est pas la peine de fixer les préceptes ennuyeux de chaque jour, mais on n'a qu'à vivre en appliquant ce principe (le compas) dans la vie quotidienne (surtout dans l'alimentation), en même temps qu'en approfondissant ces lois fondamentales et le Principe Unique. C'est extrêmement simple et facile. Nous n'avons pas besoin de certaines connaissances spéciales telles que l'hygiène, la physiologie, la médecine, etc... pour vivre sainement et heureusement. Si l'on a fait la Macrobiotique jusqu'à l'âge d'environ 20 ans, l'on peut manger tout ce que l'on veut après cet âge. A condition qu'on suive la Macrobiotique comme principe, le changement du milieu de vie, les écarts alimentaires de temps à autre, ne donnent aucun ennui. En plus, si l'on observe la Macrobiotique pendant 20 ans, l'on pourra juger spontanément les qualités et les quantités de nourriture, et surtout on n'aimera plus beaucoup et sans efforts les choses non-macrobiotiques.

Rien n'empêche qu'on change plus ou moins la nourriture selon les métiers, bien que cela ne soit pas indispensable non plus. Par exemple, au Japon, on doit manger principalement des nourritures végétales, mais il est permis aux travailleurs d'absorber plus ou moins des produits animaux. Ceux qui font des métiers qui demandent beaucoup d'énergie physique en peu de temps, peuvent remplacer 10 % de leur alimentation par des produits animaux, en principe, par le poisson. Il va de soi que ce n'est pas indispensable.

Pour les travailleurs psychologiques (Travailleurs de bureaux, écrivains, savants, étudiants, directeurs d'entreprises, religieux, toutes les sortes de leaders sociaux, etc...) il vaudrait beaucoup mieux ne prendre que les nourritures à base de végétaux. Il faut éviter le plus possible tous les produits animaux. C'est un non-sens de dire « Les travailleurs du cerveau ont absolument besoin de prendre des aliments nutritifs des produits animaux ». Que mangeaient-ils ces grands hommes du monde ? Bernard Shaw, Ford, le roi du monde de l'automobile ? Gandhi ? Boudha ? Denkyo ? Tous ces grands penseurs et ces philosophes du monde ? Ne sont-ils pas végétariens ?

Je préciserai ici seulement que la Macrobiotique n'est ni végétarienne, ni carnée, et à plus forte raison, ni pour l'abstention de boissons alcooliques, ni contre les tabacs. La Macrobiotique ne nie, ni n'estime une partie des aliments et ce n'est pas non plus une discipline qui exige un précepte. Le but de la Macrobiotique est de reconnaître et vivre avec le plus grand milieu qui comprend le monde physique de l'infini, le monde d'au-delà, le monde du Temps et l'Espace, d'au-delà le monde biologique en un mot le monde qui dépasse les vies individuelles. Ce n'est donc ni un précepte ni un règlement, ni une promesse, ni un entraînement ascétique et ni une étude théorique conceptuelle. C'est un naturalisme en un sens nouveau.

La Macrobiotique nous enseigne le moyen de vivre sainement quoi qu'on mange, pourvu que la Grande Nature le donne. C'est une Méthode pratique par laquelle on peut vivre joyeusement et sainement en mangeant tout ce que la Grande Nature (Dieu) nous donne. Comme principe, on n'a qu'à respecter la tradition millénaire alimentaire du pays. « Par une telle méthode simple, on ne peut pas assurer la santé, on ne peut pas guérir la maladie, on ne peut pas avoir des activités », dirait-on.

Qu'on regarde la vaste Nature ! Au monde extérieur à l'homme, l'orchestre de la santé et du bonheur joue en permanence.

On n'a pas besoin d'absorber de la viande à quatre pattes, ni du sucre industriel, ni des fruits. Il est permis évidemment de les prendre quelquefois en petite quantité pour le goût ou comme médicament. Le sucre donne surtout les effets les plus redoutables. C'est l'ennemi le plus grand pour l'homme de l'âge actif. Il faut faire très attention si l'on a toujours envie de ces choses car on est déjà gravement empoisonné.

Ceux qui ont envie de boire du café ou de l'alcool sans arrêt sont déjà des malades ayant besoin d'excitation anti-naturelle. Ceux qui mangent correctement des nourritures saines ne demandent jamais de telles excitations du goût.

On vivra toujours heureusement si l'on vit détaché du goût sensoriel de la bouche à l'âge actif aussi bien que dans la jeunesse. Soit en raison de l'hygiène, soit en raison du goût préféré, il ne faut jamais être entravé par la nourriture. On doit pouvoir appliquer la Macrobiotique pour pouvoir manger macrobiotiquement les nourritures données quelles qu'elles soient, tant qu'elles ne sont pas trop contre nature. On doit différer à un tel degré « la loi de l'identité du corps et de la terre ».

En tous cas, il faudrait que la construction du corps soit faite avant l'âge actif et il est un peu tard si l'on doit faire les réparations du corps à cet âge. L'alimentation de l'âge actif doit être libre d'application du principe de la Macrobiotique.

CHAPITRE VI

L'ALIMENTATION DE L'AGE AVANCÉ

A partir de quel âge peut-on parler d'âge avancé ?

Depuis des temps reculés, on dit que l'automne de la vie commence à l'âge de 40 ans, au Japon. Entre 40 et 46 ans on a souvent des douleurs aux jointures des bras lorsqu'on les bouge et on appelle cela « les mains de 40 ans » comme le signe du commencement du vieillissement.

— Ah, c'est ce qu'on dit « les mains de 40 ans ». Je suis vieilli... Ma vie est déjà à l'automne...

J'ai entendu souvent les gens dire cela en poussant un soupir. Dans mon enfance, lorsque je voyais de telles personnes, je pensais :

— Il dit des choses étranges... Bizarre !... Que c'est curieux... »

Cela m'a fait penser plus tard, lorsque je suis devenu un adulte, « Que l'homme est pauvre et déplorable !... Est-ce possible une chose pareille » ?...

Toutefois, peu de temps après 40 ans, je me suis surpris. J'ai dû penser :

— Ah, c'était ça, ce qu'on dit du commencement du vieillissement !... C'est soi-disant « les mains de 40 ans »...

... Vraiment, l'homme est misérable !...

Moi aussi, je l'ai senti dans mon corps.

Cependant, c'était faux ; C'était à cause de mon affaiblissement extrême par suite de la vie d'études âpres pendant 4 à 5 ans dans la profondeur de la pauvreté en France, presque sans manger de nourriture humainement parlant et par suite de voyages annuels sur l'océan Indien très démonté dans une cabine de 4ᵉ classe avec des Arabes et des noirs. Les Arabes et les noirs qui sont nés et ont poussé dans les déserts brûlants ou dans les Jungles, qui ont été entraînés par le fouet de la nature sans pitié, ont le corps robuste comme du fer. De plus, la plupart d'entre eux ne voyagent qu'en mer Méditerranée ou au plus loin jusqu'à Aden, durant seulement 8 à 10 jours. J'étais tellement maladif et faible depuis l'enfance que mon souhait modeste était de pouvoir vivre jusqu'à 21 ans ! Avec une telle constitution corporelle, 40 jours de voyage dans le ventre d'un bateau, en 4ᵉ classe, ont affecté mon corps d'une manière rigoureuse semble-t-il.

Revenant au Japon après 10 ans de voyage continuels, reprenant une vie normale en mangeant le délicieux riz complet, j'ai repris la santé tout à fait comme avant. A présent, je ne connais plus « la fatigue ». Personne ne se serait aperçu que je restais sans rien faire. Je n'ai jamais eu envie de me reposer à la suite de fatigue, je travaille même des heures et des heures. Tant que je suis réveillé, je travaille toujours.

Parmi les conditions de la santé, j'ai rempli complètement les trois premières conditions physiques : 1) « Pas de fatigue », 2) « Bon appétit », 3) Un sommeil profond sans rêve. Je me demande si c'est vraiment moi-même et je suis tellement reconnaissant à la Macrobiotique. C'est grâce à la pratique de la Macrobiotique durant un peu plus de 20 ans.

Même pendant ces 20 ans, ma pratique de la Macrobiotique n'était pas parfaite. Les premières 10 années, ou plus, se sont passées en pleines bêtises et répétitions de grandes fautes, quelquefois absorbant trop de sel, quelquefois diminuant trop le sel. La moitié de ces 10 dernières années, s'est passée à Paris dans la profondeur de la pauvreté, pire que les clochards... Même après tout cela j'ai obtenu la santé actuelle comme cité plus haut. A présent, je supporte parfaitement tout ce que je mange, quoi que ce soit. Mes anciens amis savent bien que je ne supportais pas du tout ni l'alcool, ni le tabac, mais je peux les amuser à présent, quoique je puisse vivre facilement sans cela. J'accepte avec joie les plats européens ainsi que les plats chinois, en même temps que les fruits, les gâteaux sucrés, la cuisine française, Moka, le chocolat, le whisky... Et le Muscat est mon préféré. Évidemment, ce n'est pas tous les jours. Je suis embêté quand cela continue tous les jours, mais je les absorbe en ordre de Yin-Yang et en jugeant les combinaisons macrobiotiques, de sorte que je ne subisse pas tellement d'empoisonnement.

Pourquoi dois-je dire tout cela ? puisque, il y a pas mal de gens qui prennent la Macrobiotique comme si elle était un précepte rigide et monotone. Beaucoup de gens pensent qu'ils doivent suivre toute la vie une ordonnance alimentaire stricte faite pour la maladie. Quand une erreur atteint un tel degré, c'est comique. Une ordonnance macrobiotique n'est faite que pour guérir la maladie. Dès qu'on est guéri, l'on doit avancer un pas de plus pour établir une constitution nouvelle qui ne tombe plus en maladie en mangeant correctement tout ce qui se produit dans le pays, en combinant ces aliments habilement par la loi de l'identité du corps et de la terre. C'est la Macrobiotique. Et dès qu'une telle santé solide sera établie, ce n'est plus la peine de craindre rien. Une telle santé ne bouge point, même quand on fait une fois de temps en temps des repas gastronomiques extraordinaires jusqu'à satiété. Celui qui *ne peut pas* boire d'alcool, fumer de tabac, manger de la viande ou des fruits, n'est-il pas un estropié ? (Je ne veux pas dire « Celui qui *ne boit pas, ne fume pas*, etc...).

On ne boit pas, même si l'on est capable de boire, et on ne mange pas de viande, car l'on n'en reconnaît pas la nécessité, bien que l'on soit capable d'en absorber. Établir une constitution saine et solide qui résiste facilement à tout ce qu'on mange ou boit gastronomiquement même à l'occasion, c'est là le but de l'alimentation macrobiotique.

Un homme social normal doit avoir la capacité de tuer des hommes, toutefois il ne le fait pas puisque ce n'est pas nécessaire. Il doit avoir une capacité de tuer même 10.000 personnes, si c'était vraiment nécessaire, par exemple pour la justice.

« La Macrobiotique » n'est pas un précepte négatif qui dit toujours, « Il ne faut pas... » mais elle est plus positive et son but est d'établir une constitution capable de faire tout ce qu'on veut.

Elle est créative, positive, artistique, philosophique et même religieuse.

Quoi qu'il en soit je suis devenu, grâce à la Macrobiotique, un homme qui ne tombe jamais malade, qui n'a plus besoin de vêtements d'hiver, ni de lit, ni de couverture en été, qui peut dormir toute l'année les fenêtres ouvertes toute la nuit, au Japon aussi bien qu'en France. Et je continue à travailler sans aucune fatigue à l'âge de 45 ans. Seulement je m'inquiète un peu de travailler trop activement (trop Yang). J'essaie de diminuer le sel que j'ai accumulé, mais l'idéal ne se fait pas facilement.

Macrobiotiquement parlant, on dirait que l'âge avancé est à partir de 70 ans. Je n'ai pas encore qualité pour enseigner l'alimentation de cet âge-là. Cela semblerait donc un peu « Exposer la tête de mouton, vendre la viande du chien », mais je veux citer quand même mes recherches sur la Macrobiotique depuis plus de vingt ans, et d'après mes observations et mes expériences pour guider les gens âgés à la Macrobiotique.

1) Diminuer considérablement la quantité de sel en comparaison avec celle de la jeunesse et de l'âge actif.

2) Prendre les nourritures les plus légères possible.

3) Ne pas cesser d'absorber de l'huile végétale (de préférence l'huile de sésame).

Évidemment, c'est la règle pour ceux qui ont dépassé l'âge actif comme un Macrobiotique sain. Il n'y a pas d'alimentation spéciale pour cet âge. Ceux qui ont vécu la jeunesse et l'âge actif bien macrobiotiquement, peuvent manger tout ce qu'ils désirent. Ce n'est pas la peine de faire particulièrement attention, car la pratique de la macrobiotique durant plusieurs dizaines d'années aura fait un homme parfait. Ceci, non seulement physiologiquement, mais aussi psychologiquement ainsi que même économiquement... c'est-à-dire que son corps en même temps que son âme seront mis tranquillement dans l'état d'esprit et dans la situation du Bonheur.

Parmi ceux qui ont regagné leur santé sous ma direction macrobiotique, il y a dix ans, pas mal de personnes continuent leur activité en pleine forme, ayant plus de 60 ans, ou 70 ans, ou 80 ans, aujourd'hui. Surtout, parmi eux, il y a des personnes qui ont été guéries de maladies chroniques datant de 30 ans ou 40 ans, qui ont retrouvé la jeunesse, voyagent à présent à l'est comme à l'ouest, pour donner des conférences sur la Macrobiotique, malgré leur grand âge, sans manteau, ni chemise d'hiver, pendant 10 ans, comme si c'était un seul jour. La Macrobiotique, c'est suivre le véritable instinct.

L'alimentation de l'âge avancé doit être en un mot « Vivre le plus près possible de la nature », c'est-à-dire la Macrobiotique à la perfection. Ce serait un état d'âme particulièrement calme et pacifique, la joie de la récolte de cet âge, tout en se familiarisant avec le froid en hiver, en s'amusant de la chaleur en été, en admirant les fleurs au printemps, en chantant à la lune en automne... L'âge avancé, c'est l'époque du règlement de compte de la vie. Embrassé par l'amour de la nature le plus profondément possible, c'est l'époque de se livrer à la grande joie du grand Moi, sans être gêné par le petit moi.

C'est l'époque où l'on marque tranquillement les traces vigoureuses et finales, dans la profondeur de la joie de partager aux gens le Bonheur d'une vie. L'âge avancé d'un Macrobiotique, c'est la fameuse époque du Bonheur et de la Paix les plus profonds d'une vie.

Rodenbach a fait une poésie de l'état d'âme pacifique de l'âge avancé en le comparant avec un vieil arbre de chêne. Ce vieil arbre a vécu, s'est battu contre le vent et la pluie, la neige et le gel, la sécheresse et l'orage, durant plusieurs centaines d'années. Ses branches sont denses, hautes et larges dans le ciel, elles croisent leurs bras, elles brillent au soleil et racontent au vent. Elles offrent les ombres agréables aux voyageurs fatigués.

Cette figure, comme un géant, est l'apparition provisoire de l'image de Dieu. Ses paroles calmes racontent les secrets du Bonheur d'une vie. C'est la joie qui est permise uniquement à celui qui est né dans la nature, imprégné par la nature et poussé à la nature. C'est précisément le droit privilégié donné à ceux qui ont vécu leur âge jeune sans s'écarter de la loi de la Macrobiotique.

CHAPITRE VII

A PROPOS DE LA MALADIE

1) *La maladie la plus difficile.*

Nous commençons enfin à aborder la question de la guérison Macrobiotique.

Pour commencer, je voudrais prendre d'abord la maladie la plus difficile à guérir. C'est la maladie la plus difficile d'après mes expériences de plus de 20 ans, toujours je me tracasse lorsque je me trouve face à cette maladie.

Je ne connais presque pas de maladie qui soit inguérissable par la méthode macrobiotique. Toutes les maladies sont guéries si facilement que la guérison par cette méthode m'est très amusante. Je me demande quelquefois devant une maladie grave, « si elle pourra être guérie » ? et pourtant elle s'améliore à une vitesse incroyable et est guérie sans retard. J'ai vu tant de maladies incurables, abandonnées par les médecins, et qui sont guéries par la Macrobiotique, aussi je suis de plus en plus convaincu de la grandeur de la puissance de cette méthode.

Toutefois, il y a une seule maladie extrêmement difficile. Une seule, mais difficile. De plus, la plupart des gens sont atteints de cette maladie, et tant qu'on ne guérit pas cette maladie il est inutile de guérir d'autres maladies, car celles-ci réapparaissent deux fois, trois fois, ou encore d'autres maladies apparaissent.

Cette maladie est un peu comme un parasite intestinal, par exemple, l'ascaride. Beaucoup d'hommes ont ce parasite. Malheureusement cette maladie provoque des dommages et des empoisonnements plus grands que ceux de l'ascaride pendant toute la vie d'une personne. L'ascaride est incurable d'après la médecine occidentale. C'est pourquoi celle-ci n'a pas d'autre moyen que de le chasser avec un vermifuge. On peut les chasser une première fois mais les parasites réapparaissent et de nouveau on utilise le vermifuge. Ainsi l'apparition de l'ascaride et le vermifuge se répètent. Même quand on aura l'injection préventive de l'ascaride, jamais ne sera effacée la cause fondamentale de la maladie. Voilà la fatalité de la médecine moderne ! Quelle misère !

Pour se procurer le vermifuge de cet ascaride, le Santonine, quelle somme d'argent le gouvernement ne dépense-t-il pas par an ? Cette maladie infernale de l'ascaride est complètement guérie en une ou deux semaines si on pratique la Macrobiotique d'une manière stricte. Dans la plupart des cas, en une semaine, les enfants se purgent de leurs parasites dans leurs selles ou les vomissent. Récemment un jeune garçon a vomi environ un grand bol d'ascarides au 5e jour de la pratique de la Macrobiotique. Il a cru que c'était des spaghettis à quoi ils ressemblaient invraisemblablement. Toutefois il a été surpris et affolé en s'apercevant que ces spaghettis bougeaient. Depuis lors, il se sent mal au cœur même quand il passe devant les restaurants de spaghettis.

Ainsi n'importe quels parasites sont chassés facilement par la Macrobiotique, mais il y a une maladie beaucoup plus embarrassante. (On peut considérer en réalité tous les microbes et toutes les bactéries ou les virus de maladies telles que la tuberculose, la syphilis, la diphtérie, ou la lèpre, comme une sorte de parasite).

Cette maladie extrêmement tracassante contamine la plupart des gens. Si on ne la guérit pas complètement, rien n'est utile à guérir.

Bien qu'on ait guéri la gastroptose, la tuberculose, la syphilis cérébrale, un eczéma qui date de trente-cinq ans, un asthme qui date de cinquante ans, la dysenterie infantile, la pneumonie aigüe, le diabète, la maladie des reins, etc... absolument tout, cette maladie seule n'est pas guérie facilement. Si on ne la guérit pas, alors l'on redevient malheureux à cause même de la santé retrouvée. Si on doit mener une vie malheureuse malgré cette santé retrouvée, ce serait inutile et un non-sens de se guérir des maladies physiologiques.

J'ai guidé jusqu'ici plusieurs dizaines de millions de gens à la Macrobiotique, et j'ai vu qu'ils s'amélioraient d'une manière rapide. Et maintenant j'ai choisi 300 personnes parmi les malades que j'ai guidés depuis un an et leur ai demandé par une lettre d'enquête comment ils allaient depuis.

Ils n'avaient qu'à barrer d'une ligne les phrases inutiles parmi ces trois phrases : « Je suis guéri », « Je me suis amélioré plus ou moins », « J'ai abandonné la Macrobiotique », et ils n'avaient qu'à mettre cette carte de retour dans la boîte à lettres. Or, quel étonnement ! Deux mois après, je n'ai reçu que 109 réponses seulement !

Voilà ! C'est la maladie la plus difficile. 191 sur 300 personnes — 2 sur 3 — sont touchées gravement par cette maladie atroce. Elle est connue dans les formes

suivantes : la négligence, la paresse, l'insolence, etc...
toutefois c'est en réalité une maladie infernale de l'homme
qui s'appelle, « ARROGANCE ». Celui qui a cette maladie
n'a pas d'émotion profonde. Il ignore la reconnaissance.
Il est un daltonien de la gratitude. Il ne connaît pas le
respect. Il a une vie triste et sombre. Il est aveugle. C'est
un mort vivant sans aucune joie. Il n'enverra jamais une
information même quand il meurt. Il est un démon toujours mécontent. C'est une vipère. C'est une personne
froide comme une machine ou comme de la glace qui n'a
pas de sentiment délicat. Il est celui qui cause des embarras, toujours et partout. Un cadavre vivant ! La maladie
infernale ! L'arrogance ! L'éhonté ! Humanimal ! (Mais
même le chien exprime sa reconnaissance en remuant la
queue !).

Ces personnes retombent bientôt à nouveau ou mour-
ront sans tarder. Ils sont froids, dépourvus de sentiment
et vivent sans joie. Je n'aurais jamais cru qu'il y avait tant
de personnes à ce niveau. (S'ils étaient déjà morts, pourquoi ne viendraient-ils pas me le dire ?)

C'est franchement la condition actuelle de la société
d'aujourd'hui. Ce n'est pas le visage fatal des autres,
mais c'est notre propre visage.

Ne pouvaient-ils pas envoyer une seule carte annon-
çant. « Je suis guéri », ou non, avant qu'on leur demande ?

Mme I. que j'ai guidée au mois d'août de l'année passée
a été guérie de sa maladie chronique qui datait de 10 ans
par une seule consultation. Elle est revenue un an après
au même jour du même mois pour dire, « J'ai oublié
mes maladies chroniques et mes médicaments qui
dataient de 10 ans. » Cette dame, qui a déjà tant travaillé
pour la diffusion de la Macrobiotique depuis sa guérison, a exprimé ainsi sa gratitude. S'il y a une telle
personne au monde, comment se fait-il que ces 191 personnes existent ?

C'est la maladie la plus difficile ! l'arrogance ! Égoïste, l'âme sans reconnaissance, celui qui cause des embarras aux autres sans aucune gêne !

200 personnes sur 300 sont contaminées par cette maladie infernale. Et moi, je ne peux pas la guérir. Quel lâche je suis ! Quel homme bon à rien ! Si tu n'arrives pas à guérir cette maladie tout ce que tu fais aboutit à zéro ! Ton but n'est pas la simple guérison des maladies ! La Macrobiotique n'est pas la prétendue « méthode curative » ! La Macrobiotique est celle qui donne le Bonheur ! Elle n'est pas un médicament mais c'est une voie vers Dieu ! C'est la voie vers le Bonheur ! Si tu ne peux pas guider les gens dans cette voie, alors abandonne la Macrobiotique ! Débarrasse-toi de toi-même !

Il y a pas mal de gens qui pensent, « Je suis honnête » ! ou « je ne suis pas si malhonnête que ça ! » Celui qui pense « Je suis sage » est en réalité un « stupide », ainsi que ceux qui pensent « Je suis honnête » ou « Je suis bien-portant » sont en réalité des criminels malhonnêtes, des malades moribonds, un cadavre vivant ! Voilà ce qu'il faut avant tout guérir... c'est d'abord soi-même !

Tout le monde est sain. Si non, c'est de sa faute.

2) *La Force de la Guérison demeurant dans « l'âme ».*

Après avoir traité beaucoup de malades, je suis profondément convaincu que ceux qui tombent malades sont les personnes qui ont un crime grave dans leur Karma, et la maladie est la punition de Dieu dont on doit être très reconnaissant.

Il est évident que les enfants et les gens qui sont dans une situation qui ne leur permet pas de choix, font exception. Dans le cas d'enfants, ce sont les parents qui seront punis. Il n'y a pas de souffrances aussi pénibles et aussi tristes que celles des parents qui soignent leurs enfants malades. Ceux qui n'ont pas le choix pour vivre sont très rares.

En d'autres termes, d'après moi, ceux qui tombent malades et ceux qui rendent leurs enfants malades sont des personnes qui ne connaissent pas Dieu — La Grande Nature, le Grand Univers, l'Infini Absolu, le Monde, l'Ame. A supposer que l'on soit dans une situation misérable, il n'y a pas de raison pour que l'on ne puisse pas connaître ou méditer l'Infini, Dieu — La Grande Nature. C'est pourquoi celui qui tombe malade, celui qui fabrique des malades, est une personne paresseuse, stupide, triste et pitoyable qui ne reconnaît pas, qui néglige l'Infini, Dieu, — La Grande Nature. Personne n'a le droit de dire qu'il ne connaît pas le monde de l'Infini absolu, Dieu, la Grande Nature. Tant que nous avons notre « âme », nous ne pouvons pas prononcer une chose pareille, car notre âme peut aller s'amuser toujours au pays de Dieu, dans le monde de Boudha, dans l'Infini absolu, et en effet notre âme s'y amuse.

Ce monde de Dieu, le monde de l'« âme » étant infini et absolu, il n'y a aucune limite du temps et de l'espace. On peut donc aller instantanément et librement même dans le monde d'il y a 1.000 ans ainsi que dans le monde futur de 10.000 ans. C'est le monde de la Liberté infinie. Quoique notre corps demeure dans ce monde limité, notre « âme » est née et élevée dans un monde entièrement libre. On peut faire (penser) tout ce que l'on veut avec l'âme. Ce monde de la liberté parfaite est précisément le pays de Dieu. Puisque c'est là que nous vivons, que notre âme vit, il n'est pas admis de dire que l'on ne connaît pas ce monde de l'Infini. Si on ne le connaît pas, cette « ignorance » est déjà un crime. Même la loi que l'homme a faite, ne pardonne pas à celui qui l'a violée en raison de son ignorance. A plus forte raison, on ne pourrait pas dire que l'on ignore le monde créé par Dieu, alors que l'on y vit en réalité.

Il n'y a pas de crime aussi redoutable que d'ignorer ce « pays de Dieu », « le Monde de l'Infini », « Le Pays natal de l'âme ». En comparaison avec ce crime, tous les autres sont petits et minimes et hors de question. Tant que l'on n'est pas capable de ne pas commettre ce crime, autrement dit, qu'on n'est pas capable de vivre au « pays de Dieu », de connaître « le pays natal de l'âme », l'homme ne peut pas mener une vie heureuse dans ce monde. Aussi il est évident qu'il ne peut pas faire un travail valable. Il ne lui reste qu'à tomber malade ou à devenir malheureux. Toutes les maladies et tous les malheurs se produisent à la suite du manque d'un Principe Universel correct ou bien à la suite de la possession d'un principe instructif faux. Épictète a dit : « Le seul BIEN, c'est connaître la voie de l'Infini et ignorer cette voie est le seul MAL en ce monde ».

C'est cette fameuse « âme » qui guérit les maladies. Sans entrer dans ce monde de « l'âme » on ne peut jamais guérir les maladies ni mener une vie heureuse et saine. Puisque cette âme est parfaitement libre (Dieu lui-même), ou (l'Infini absolu) la guérison de la maladie lui est très facile. Cette « âme » peut être remplacée par « MAKOTO », « TAO » ou « GYO ».

Or, d'après la Macrobiotique, toutes les maladies se produisent par l'alimentation. C'est en effet exact. Cependant c'est après le travail de « l'âme » que nous pouvons absorber les nourritures qu'il faut. Tant qu'on a « l'âme » saine, l'on ne prend que des nourritures correctes sans faire aucun effort. C'est en fait directement la nourriture qui fabrique les maladies, le corps et le caractère, etc... C'est juste car personne ne peut vivre sans nourriture.

Or, celui qui manque de cette « âme », qui n'écoute pas l'ordre de « l'âme », qui ne peut pas voir l'Ordre de l'Univers », ne connaît pas et ne peut pas connaître la nourriture correcte.

Un principe qui démontre ce que c'est « l'âme », « MAKOTO », « GYO », « Le BIEN », « la VÉRITÉ », « la BEAUTÉ », etc... d'une manière concrète, et qui nous fait les connaître et les assimiler par soi-même, c'est le fameux « Principe Unique », de la Philosophie d'Extrême-Orient.

L'objectif de la guérison par l'alimentation macrobiotique est de guérir les maladies de « l'âme », en corrigeant les nourritures. Sans cela les maladies du corps ne se guérissent pas. D'ailleurs, étant donné que la maladie du corps est un signal de détresse de la maladie de l'âme, c'est un non-sens et c'est même doubler le crime que d'effacer seulement le signal ou la souffrance. Les gens qui s'imaginent que la méthode macrobiotique a pour but de guérir les maladies physiques, s'améliorent très difficilement. La Macrobiotique n'est pas un médicament ni une opération qui arrête les douleurs ou les souffrances, mais elle est celle qui efface la cause originelle de ces souffrances et qui enseigne la méthode pour mener une vie heureuse, brillante et saine sans rencontrer jamais deux fois de tels malheurs. C'est pourquoi l'instruction macrobiotique n'est donnée en principe à chaque personne, qu'une fois dans sa vie. Si on tombe malade de nouveau à plusieurs reprises c'est que « l'âme » de cette personne n'est pas encore améliorée et elle n'a qu'à faire des efforts, elle-même, car c'est de sa propre faute.

Il y a des gens qui croient que la Macrobiotique est une chose qui donne des règles d'alimentation. Quelle grosse erreur. Il y a des gens qui croient que la Macrobiotique est manger du riz complet, des bardanes, des carottes, et des Kombous. Ce n'est pas intelligent. Il y a aussi les gens qui croient que la Macrobiotique est de ne pas manger ni sucre, ni gâteaux, ni fruits. C'est sot. La Macrobiotique, c'est le processus de changement de nous-même pour que nous puissions manger tout ce que nous aimons sans aucune crainte de tomber malades, et c'est celle qui nous fait réaliser notre ultime rêve dans la vie, en menant en même temps une vie joyeuse et très amusante. La Macrobiotique, c'est connaître l'Infini, vivre l'Infini, vivre avec l'Infini, retourner à l'Infini, admirer la Grande Nature, l'Infini-Absolu, comme les enfants qui soupirent après leur tendre Mère.

Celui qui n'arrive pas à avoir une telle âme, ne peut pas recouvrer la santé. Il ne divorce jamais d'avec sa maladie. Sa vie n'est qu'une continuelle suite de souffrances et de soucis. A supposer qu'il soit en bonne santé, il ne connaît jamais la joie ardente, il n'est jamais assez sûr de lui-même pour vivre sans crainte. Or, lorsqu'on pratique la Macrobiotique un tel état d'âme naît tout seul et silencieusement. C'est le réveil du jugement. Voilà le but de la Macrobiotique. La Macrobiotique c'est défricher la Grande Nature, le pays de Dieu, le monde de « l'âme ». Avec la gratitude profonde, on y goûte, on y médite les grâces de la grande Nature qui donne la vie à ce corps humain.

Celui qui se contente, qui se vante, de ce qu'il n'a jamais été malade pendant 20 ans depuis sa naissance, est un peu bête. On ne peut jamais être assuré de sa santé même quand on n'a pas connu de maladies pendant 30 ans ou 40 ans. Il est dangereux de se contenter de cela. C'est un grand criminel s'il se vante de sa santé même quand cela dure depuis 50 ans ou 70 ans. Il est comparable à celui qui est fier de la fortune héritée de ses parents, ce qui est déplaisant à voir. Il n'est pas heureux. La certitude, le bonheur, la gratitude d'être riche,

et cet état d'âme de penser comment utiliser cette fortune le plus utilement, appartient uniquement à celui qui
a construit cette fortune en travaillant les ampoules aux
mains, la sueur au front. Si on avait un tel état d'esprit,
l'on serait très riche même en ne possédant que 100 francs.
Par contre si l'on ignore un tel état d'esprit, l'on est un
humain stupide habitant dans les profondeurs de l'enfer
même avec 100.000 F. A plus forte raison, si cet argent
a été donné par d'autres personnes ou a été volé à d'autres, c'est pire que tout. La possession elle-même est déjà
une souffrance, un souci. C'est une punition. Il en est de
même pour la santé, c'est-dire la maladie ou la faiblesse,
l'on ne comprend pas la valeur ou la joie de la santé. On
trouve très rarement quelqu'un qui puisse en comprendre
la valeur, quelqu'un qui puisse être reconnaissant du
plus profond de son cœur de la santé et de la fortune
données par ses parents. Quoiqu'il soit en bonne santé,
c'est un minable et un bon à rien s'il n'a pas l'état d'âme
si heureux si satisfait qu'il en cherche l'utilisation valable par tous les moyens.

Bien que les chiens ou les chats puissent rester dans
un tel état minable, ce n'est pas admis pour l'homme.
Sans avoir cette joie, cette gratitude, l'homme n'a pas
de valeur ni qualité pour vivre. Il eut mieux valu qu'il
ne naisse pas pour mener une telle vie. Même la santé
qu'on a construite soi-même, si l'on doit la soigner pour
la garder pour soi-même seulement, alors n'est-ce pas là
une vie minable sans valeur ?

   Seuls ceux qui peuvent donner de l'argent aux autres
joyeusement, ont l'état véritablement riche. Celui qui n'a
pas la joie de diffuser son argent, même avec 100.000 F
est une personne très pauvre. C'est un esclave de l'argent.
Seuls ceux qui s'amusent à utiliser sans regret leur santé

pour le monde, pour les autres, sont des personnes vraiment saines, en tant qu'hommes. Celui qui peut donner aux autres sa vie jusqu'au bout avec joie est un homme qui possède la vraie santé.

Avoir un tel état d'âme, c'est le but de la Macrobiotique et un tel état d'âme est précisément l'idéal de la vie. Dans un tel monde, il n'y a ni plainte, ni incertitude, ni tristesse, ni peur, ni souffrance, ni souci. Et il n'y a que le Bonheur, l'amour éternel, la Liberté infinie, la confiance inébranlable, et la satisfaction totale.

Lorsqu'on a un état parfaitement satisfait de cette joie, de cette gratitude, on se demande comment le distribuer aux autres, et en un tel monde tout brillera de la joie de vivre. Celui qui vit en un tel monde transmutera spontanément les maladies, les souffrances, en bonheur même quand il sera par hasard perturbé par ces malheurs. S'il y a quelqu'un qui lui lance une pierre, elle tombera comme les fleurs de lotus en or ou en argent sur lui. Si on lui brandit un sabre, il brillera comme l'honneur qui éclaircit tout l'univers. Si on lui donne du poison, il se transformera en un médicament millénaire d'ermite qui donne la vie éternelle.

La Macrobiotique est une méthode qui libère l'homme du monde misérable, éphémère, esclave, petit, étroit, et qui admet à l'homme d'aller et de renaître au monde de « l'âme », le paradis, le pays de la joie infinie, avant sa mort. Il vaut mieux abandonner la pratique si l'on n'admet pas d'aller en pleine joie au monde de la Grande Vie, de la Grande Nature, au monde de l'Infini. Ce qui dérange et empêche d'entrer dans un tel monde, c'est la maladie infernale, l'arrogance, l'avidité (égoïsme). C'est le petit « moi ».

Cette arrogance, c'est la fameuse mentalité qui vise à la richesse, qui poursuit la gloire, qui s'attache à la situation, qui cherche le matériel. C'est la fameuse origine de la souffrance de la vie. C'est le crime le plus grand. Il n'y a pas d'autre malheur aussi redoutable que d'avoir des idées telles que ; « Je suis riche ». « Je suis en bonne santé », l'argent a toujours la possibilité de devenir en une nuit de la poussière de papier qui ne vaut rien, et il est capable de produire des crimes, et des souffrances. La santé est si éphémère qu'elle peut disparaître toujours par la seule raison du manque de respiration et elle ne peut survivre au maximum que 25.000 à 30.000 jours environ.

Bien que l'on soit souvent fier de sa situation, de sa gloire et de sa force physique, ce sont la situation et la gloire qui invitent la souffrance du rêve d'une belle fleur qui se fane déjà dans l'après-midi et c'est cette force physique qui amène sans tarder la misère de l'affaiblissement. Écraser en mille morceaux une telle avidité égoïste d'un faux esprit de supériorité, arrogant, et donner le vrai bonheur pieux et modeste, voilà la mission de la voie Macrobiotique.

C'est pour cette raison que cette voie est justement nécessaire pour ceux qui ont une bonne santé. Puisque même les gens qui ont une bonne santé sont sauvés par cette voie, les malades doivent être sauvés à plus forte raison. Celui qui a connu cette voie grâce à une maladie minime est incomparablement plus heureux que ceux qui ne peuvent pas entrer dans cette voie à cause de leur bonne santé. Il faut admirer la maladie. C'est précisément la maladie qui est sacrée et inviolable. Si un jour, la médecine curative occidentale est accomplie, et si on peut guérir n'importe quelle maladie spontanément, avec une seule piqûre, combien nous serons malheureux ! Nous ne pourrons même plus savoir, même imaginer la joie de la bonne santé. Ceux qui ne sont pas pauvres d'esprit ! Il est plus difficile pour vous d'entrer dans la voie Macrobiotique que de traverser sur le dos d'un chameau le trou d'une aiguille. Ceux qui sont orgueuilleux d'esprit ! (Ceux qui se prétendent, beaux et intelligents, bons, honnêtes, etc...). Pour vous, la Macrobiotique est beaucoup plus difficile à comprendre que pour un aveugle de voir le grand univers grandiose. C'est un mensonge que de se prétendre un homme bon ou d'affirmer ne pas commettre de crimes. Quel genre de bien avez-vous fait ? Qu'est-ce que le BIEN ? Il est faux de se croire un homme bon parce qu'on ne commet pas de crime, car cette prétention elle-même est un crime.

« Je ne connais ni le bien ni le mal » a dit SHINRAN. Vivre dans un état d'âme, par-delà le bien ou le mal dans la transcendance, dans le monde où l'on est complètement détaché du bien et du mal, n'est-ce pas le vrai BIEN ?

L'acte de découvrir un tel état d'âme est la Macrobiotique, et cet acte est « la force de guérison ». Bien que ce soit la nourriture qui guérisse les maladies, c'est « l'âme » qui juge les aliments pour la nourriture. C'est pourquoi, il n'est pas nécessaire de guérir les maladies avec de la nourriture si l'on ne peut pas donner en même temps cette force « d'âme ». Puisque la maladie est la bénédiction de Dieu pour faire connaître à l'homme cette âme, l'origine du Bonheur, il n'est pas du tout nécessaire de guérir les maladies si l'on n'est pas une telle personne. Il vaudrait plutôt donner plus de maladies. Il vaudrait mieux prier pour que sa maladie soit de plus en plus grave. Cela ne fait rien même s'il meurt car c'est la volonté de Dieu.

Dans ce sens il faut que nous soyons reconnaissants auprès de la médecine moderne qui complique les maladies, qui les aggrave de plus en plus, et qui fait payer aux malades des sommes énormes. Que Dieu est admirable ! Ce monde est dans son vrai sens le pays de Dieu. Tandis que l'homme salit et détruit bêtement ce paradis, Dieu le répare, le purifie, le solidifie et le fait propre à chaque moment et à chaque seconde. Pour guérir cette maladie d'« ARROGANCE », on n'a qu'à se hâter de reprendre la santé par la Macrobiotique, et qu'à reprendre la liberté physique ainsi que psychologique, et qu'à méditer à l'Infini, à voyager au pays de « l'âme ».

3) *Il faut remercier les maladies.*

> Regardez les oiseaux du ciel :
> Ils ne sèment, ni ne moissonnent,
> Ils n'amassent pas dans des greniers ;
> et votre Père céleste les nourrit !
> Ne valez-vous pas beaucoup plus qu'eux ?

(Mathieu 6-26)

Lorsqu'on tombe malade, ou lorsqu'on commence à sentir l'affaiblissement du corps physique après 40 ans, l'on commence à soupirer aveuglément après la santé. Et on se tourmente pour retrouver la santé le plus vite possible. Nous sommes si avares que nous désirons depuis plusieurs milliers d'années la LONGÉVITÉ.

Néanmoins, la maladie et l'affaiblissement sont des choses indispensables dans ce monde. Sans cela, notre monde deviendrait monotone et peu intéressant. Grâce à la maladie et grâce à l'affaiblissement, nous reconnaîtrons clairement et profondément pour la première fois les grâces de Dieu qui nous a fait vivre en bonne santé. Et on pourra renaître dans la grande joie grâce à ces malheurs.

La maladie, c'est une punition. La maladie c'est une

gronderie. Lorsque nous sommes grondés par nos parents, nous voyons « le vrai visage » de nos parents et nous reconnaissons « le cœur de nos parents » pour la première fois.

Ceux qui refusent les gronderies ou ceux qui fuient les gronderies des parents, sont des enfants misérables qui ne connaissent pas, qui n'essayent même pas de connaître leurs parents. Ils sont plus pitoyables que des orphelins. Ils deviendront tôt ou tard dans l'avenir, des mécontents du monde, des personnes qui ont l'esprit tortueux des criminels, des malades mentaux, des neurasthéniques, etc...

Toju Nakaye, qu'on reconnaît même aujourd'hui comme le Sage d'Ohmi (la province près de Kyoto) était encore très jeune. Un jour, il commença à pleurer lorsqu'il fut grondé et battu par sa vieille mère. « Pourquoi pleures-tu ? » lui demanda la mère. Habituellement il recevait le bâton du cœur de la mère, très humblement, mais sans pleurer (les parents qui ne donnent pas de gifles aux enfants n'ont qu'un amour aveugle et ne connaissent pas le vrai amour).

Toju leva son visage plein de larmes mais continua encore à pleurer.

« Pourquoi pleures-tu ? » demanda la mère de nouveau d'un air interrogateur.

« Ma mère bien respectée, la force de vos mains s'est affaiblie. C'est que vous avez gagné en âge. Et pourtant, je vous donne encore des soucis. J'en suis triste... » répondit le petit Toju.

Mes chères mères et mes chers pères. Si vous donniez une telle éducation, vous pourriez obtenir des enfants comme le sage d'Ohmi.

La maladie est la gronderie de Dieu. La maladie est un coup de fouet du cœur paternel donné par les mains de Dieu pour faire de nous des hommes corrects. Est-il correct de s'enfuir ou de se cacher de cette grâce de Dieu, l'affection paternelle de Dieu, au lieu de l'accepter humblement et docilement ? Et peut-on devenir l'homme heureux, correct et fort que Dieu désire, en négligeant la volonté de Dieu ? Les médicaments, les injections, les opérations, ne sont-ils pas pour ainsi dire comme une fuite, comme se cacher de la gronderie de Dieu ou bien la refuser ?

Lorsqu'on reçoit la gronderie de Dieu, ne voyons-nous pas pour la première fois le vrai visage de Dieu ? Et n'est-ce pas alors que nous faisons connaissance avec le cœur de Dieu ? Et c'est alors que nous pensons inévitablement à l'origine de « la vie » qui est la mère de « l'homme ».

S'il n'y avait pas de parents pour nous gronder, combien la vie serait déserte, triste et peu intéressante !

Quoique nous ne puissions pas pleurer comme ce petit Toju, nous devons au moins réveiller la conscience de notre crime d'ingratitude par lequel nous avions oublié Dieu en temps ordinaire. Bien qu'il y ait des parents qui nous grondent ou tapent déraisonnablement, Dieu ne nous donne jamais la maladie ou le malheur sans que nous fassions des erreurs.

Lorsqu'on ne tombe plus souvent malade (lorsque Dieu ne nous donne plus de gronderie), faut-il alors que nous nous lamentions ? Il faut que Dieu nous gronde de plus en plus et pour toujours, pour que nous puissions être un homme heureux, digne, fort et correct. Quand nos parents meurent ils ne nous grondent plus. Combien ce serait désert et triste s'il n'y avait plus personne pour nous gronder.

Je me sens très triste et solitaire du fait que les gens qui grondent sont de moins en moins nombreux. Ceux qui nous grondent, qui nous insultent, qui se mettent en colère après nous, sont les messagers de Dieu.

La maladie est la gronderie de Dieu. Même quand nous perdons nos parents, et quand ils ne grondent plus, Dieu continue de nous gronder. Quel bonheur ! Mon Dieu, grondez-moi et de plus en plus sévèrement, je vous en prie. Je voudrais devenir un homme juste et correct.

C'est par égoïsme qu'on déteste la maladie. Les lâches sont ceux qui ont peur de la maladie.

La maladie c'est Dieu !

Vous n'avez qu'à regarder toujours les oiseaux qui sont satisfaits de ce qui est donné par Dieu, et qui s'amusent du froid en hiver, de la chaleur en été, avec une joie et un courage inépuisables. Ils ne mangent que ce que « Dieu » ou « la Grande Nature » leur donnent tel quel et sans aucun mécontentement et ils ne mangent jamais ce qui n'est pas naturel. Et par suite de ce mode de vie il nous semble qu'ils n'ont pas besoin de tomber malades. En s'appuyant trop sur son intelligence (la science, la civilisation, l'industrie, etc.) l'homme cherche le plaisir, la commodité, la vitesse sans être jamais satisfait. En conséquence de cela l'homme s'affaiblit d'année en année. Et cependant la population augmente de plus en plus, ce qui signifie l'augmentation des malades, des hommes en mauvaise santé. Il nous faudrait cesser pour quelques temps de poursuivre une telle civilisation trop artificielle, c'est-à-dire qui viole la nature, et il nous faudrait essayer de goûter calmement les grâces de la Grande Nature jusqu'à notre satisfaction. C'est avec cet esprit que nous pratiquons la Macrobiotique.

Ce conflit Sino-Japonais s'aggravera de plus en plus et il est possible qu'il continue plus longtemps que nous le croyons. En conséquence nous manquerons de matériel et probablement comme l'Allemagne pendant la première guerre mondiale le peuple Japonais devra se débrouiller avec des aliments 3 fois moins abondants qu'en temps ordinaire. Il nous semble qu'il vaut mieux que nous nous préparions à cette situation.

A mesure que le matériel va manquer, les prix vont monter de plus en plus. A ce train-là les prix vont certainement subir une forte hausse et nous ferons très probablement face à une époque où nous ne pourrons plus acheter de matériel malgré des sommes énormes. Dans une telle circonstance, la pratique de la Macrobiotique a d'autant plus d'importance, et donnera d'autant plus d'efficacité que les prix des produits augmenteront, car nous serons obligés de la pratiquer de plus en plus strictement, et par conséquent nous n'aurons qu'à devenir de mieux en mieux bien portants.

C'est dire que nous n'avons qu'à reconnaître la valeur des céréales, du riz, du blé, de l'avoine, du millet, du maïs et autres pour le repas principal et qu'à diminuer au minimum les légumes.

Ainsi, comme les oiseaux du ciel les pratiquants de la Macrobiotique n'ont pas besoin de s'inquiéter des problèmes alimentaires, et de plus ils jouiront d'une santé qui n'est pas artificielle.

Depuis que j'ai été guéri par la Macrobiotique il y a plus de 20 ans, je n'ai jamais attrapé de maladie grave. C'est pourquoi lorsque j'attrape des maladies de quelque sorte qu'elles soient je suis très reconnaissant. Il y a deux mois j'ai eu une fracture du pied en faisant du ski et ce n'est pas encore complètement guéri après 60 jours. Je ne fais aucun soin même macrobiotique et je goûte la douleur avec gratitude chaque fois quand je marche. J'ai eu aussi mal à la gorge, par suite de mon séjour inhabituel dans une chambre chauffée. Mais je ne le soigne pas pour le garder le plus longtemps possible, sinon que je prends une tasse de lotus avant les conférences pour éviter d'être impoli avec les gens...

Faisant ainsi, je garde très précieusement les maladies que Dieu m'a données après longtemps. C'est un état d'âme de reconnaissance plutôt que la peur vis-à-vis de la maladie et sans entrer dans un tel état d'âme macrobiotique il est évident que la maladie ne se guérit pas.

Si la maladie n'existait pas dans la vie quel crime terrible l'homme ne commettrait-il pas ? Voilà pourquoi nous devrions respecter au maximum la maladie, ce gardien-bienfaiteur de l'humanité.

Voici une poésie de l'Empereur MEIJI qui enseigne le premier pas vers la guérison macrobiotique.

Plutôt que les médicaments,
Faut-il se soigner en temps ordinaire,
En mangeant correctement.

4) *Ne Soyez Pas Trop Rigide.*

Pour guérir les maladies, j'ai cité :

« Il faut adoucir l'esprit obstiné. »

« Il faut savoir à fond que la maladie est la punition de Dieu. »

« Il faut être reconnaissant aux maladies. »

Enfin nous allons commencer à propos de la guérison, mais là encore les problèmes se posent selon les situations personnelles, qui ne permettent pas de pratiquer la Macrobiotique malgré la volonté. Manque de matériel, difficultés financières, différence géographique, opposition de la famille, surtout du mari ou des parents, difficulté sociale, contradiction avec méthodes modernes, contraintes de l'État (systématisation industrielle, vaccin, injections obligatoires, etc.), etc., etc...

Il y a toutes sortes de difficultés.

Toutefois, ce n'est pas la peine de se faire du souci ni d'être pessimiste, et à plus forte raison d'être déses-

péré. On n'a qu'à avant tout saisir le Principe de la Macrobiotique. Une fois qu'on l'a saisi, on peut pratiquer la
Macrobiotique très librement malgré les difficultés financières, politiques, sociales ou familiales.

On peut guérir n'importe quelle maladie et vivre joyeusement sans un sou. Regardez les chiens, les chats, les vers
de terre, le lys de la montagne, et les oiseaux du ciel ! Ils
n'ont pas un sou. Comment sont-ils les primitifs de la
jungle ou Robinson Crusoé ? Il est plus amusant de jouer
les Robinson Crusoé en plein cœur de la grande ville
moderne que de faire du camping dans la nature, car
c'est plus sérieux. C'est plus fertile en émotion que « La
Vie de la forêt » de Sorrow : Il y a des clochards dans les
villes mais ils ne dépensent pas un sou pour guérir leurs
maladies.

La Macrobiotique est praticable facilement où que ce
soit, soit à la campagne, soit à la montagne, soit sur les
champs de bataille.

Si on n'arrive pas à la faire, alors tant pis on peut
mourir. Si la maladie ne se guérit pas avec de telles
méthodes macrobiotiques, alors tant pis, pourquoi ne
pas abandonner la guérison. Si « vivre » est la vie, « mourir » est aussi la vie. Une vie ne dépasse pas environ
20.000 jours seulement. Même si c'était 30.000 jours
qu'est-ce que ça change ? Nous vivons la moitié du temps
en dormant.

Nous ressentons tellement d'attachement pour cette
vie, mais où étions-nous il y a 20 ans, 30 ans, 50 ans, ou
70 ans ? Avant la naissance, notre « ego » n'existait
pas. Il en sera ainsi après la mort. Nous ne pouvons pas
vivre éternellement malgré notre affection et l'attachement à cette vie. Nous sommes destinés à mourir tout
seuls en nous séparant de nos camarades ainsi que de
nos ennemis.

Nous sommes nés tout seuls et nous devons mourir tout seuls. Nous sommes les voyageurs qui avons pris un train express dit « La Vie ». Ou bien on peut dire que nous voyageons à travers le grand Univers dans le train express dit « La terre ». L'un après l'autre nous devons descendre aux gares qui sont indiquées sur les billets. Au passage les gens que nous ne connaissons pas nous rejoignent de plus en plus. Nous nous dirons tôt ou tard « Adieu ». Cela ne fait rien que l'on descende une ou deux gares plus tôt, puisque notre destination est également un autre monde. Descendons promptement à la gare qui nous est destinée en saluant les autres voyageurs joyeusement, avec beaucoup de gratitude pour les accompagnements de bavardages, d'amitié, ou les disputes qui ont pour cause trop d'affection.

Même quand on pratique la Macrobiotique, l'on n'arrive pas à survivre 100 ans. Et ces 100 ans ne sont qu'un instant en comparaison avec la durée de la vie de la terre de plusieurs milliers de billions d'années. Supposons que notre histoire humaine fasse un film de plusieurs milliers de mètres, alors notre vie est plus courte qu'une image de ce film. Elle est plus courte que le temps qu'il faut pour que la lumière de l'étoile lointaine arrive à notre terre.

Ce n'est pas grand chose de mourir sans pouvoir pratiquer la Macrobiotique.

Il faut tout confier aux bras de la Grande Nature. On est alors complètement rassuré et à l'aise. Celui qui tombe dans l'eau coule d'autant plus vite qu'il bouge alors que l'on flotte tout seul si l'on reste calme et allongé.

C'est la nature qui nous a fait naître et qui nous a élevé, qui nous a fait vivre jusqu'ici. Il n'y a pas de raison de se révolter contre cette nature.

La personne qui est si pauvre qu'elle ne peut même

pas faire la Macrobiotique, est en réalité la plus heureuse. Celui qui est dans une situation qui rend impossible de faire la Macrobiotique, celui qui est oppressé par les difficultés pour faire la Macrobiotique est le plus heureux, car il connaît la reconnaissance de la Macrobiotique... Par contre celui qui peut pratiquer facilement la Macrobiotique connaît moins sa valeur.

Il ne faut pas être l'esclave de la Macrobiotique.

La Macrobiotique est une chose parfaitement libre. Ceux qui rencontrent des difficultés pour pratiquer la Macrobiotique ne l'ont pas encore bien comprise. En réalité la Macrobiotique ne provoque aucune incertitude ni la crainte ni les difficultés dans n'importe quelle situation, dans n'importe quel pays. Si on ne peut pas faire un pas en dehors de la Macrobiotique, c'est l'imitation des singes, malgré une pratique parfaite. On doit atteindre un niveau grâce auquel on est toujours sain et on n'a absolument aucune petite incertitude ou la moindre peur en mangeant quoique ce soit, tout ce qui est donné.

Conduisez votre vie par vous-même. Si on doit dépendre toute la vie d'une ordonnance alimentaire, on ne sait plus si sa vie appartient à soi-même ou à un autre. De plus on ne donne jamais une ordonnance macrobiotique pour plus d'un mois.

Un jour je donnais une ordonnance macrobiotique à une mère. C'était pour son fils qui était alors écolier au lycée. Ce fils regagna la santé grâce à cette ordonnance. Et c'est plusieurs années plus tard qu'il vint me voir après avoir terminé ses études à l'université et obtenu un diplôme de droit. Je fus surpris dès la rencontre. Ce licencié en droit était devenu un petit homme solide de couleur rouge-noir, tout à fait comme le KIMPIRA (Nituké de bardane) qui a été bien Yanguisé avec beaucoup de sel. Sa manière de saluer, son écriture, toutes ses actions étaient rigides. En lui posant des questions, j'appris que sa mère avait fait suivre à son fils l'ordonnance donnée pour un mois, pendant 5 ou 6 ans. Quelle mère mesquine !

Pendant que ce garçon habitait à Tokio séparé de ses parents, sa mère lui envoyait le Nituké de Bardane chaque mois. Ce garçon absorbait fidèlement ce que sa mère lui envoyait et par conséquent son corps ainsi que sa personnalité sont devenus complètement comme le Nituké de Bardane salé. En plus, ce KIMPIRA était préparé plutôt comme une sorte de médicament Yang, cuit avec beaucoup de Tamari jusqu'à ce que ce soit suffisamment brûlé. Ce pauvre licencié KIMPIRA en droit est devenu un peu comme une momie. Lorsqu'on imite comme un singe sans comprendre la Macrobiotique, l'on fait une erreur semblable. Il ne faut jamais être trop rigide dans la Macrobiotique. Il est indispensable de saisir, d'assimiler le Principe Unique, l'Ordre de l'Univers, c'est-à-dire, le Principe de la Macrobiotique.

Pourvu que l'on comprenne bien ce Principe, les difficultés soit économiques, soit politiques, soit sociales, ne peuvent empêcher la pratique macrobiotique. On peut franchir ces difficultés bien facilement. Toutefois, le cas plus ou moins difficile, c'est la situation familiale, quand par exemple, les parents ou le mari s'opposent à la Macrobiotique. Le plus difficile est le cas où l'épouse n'est pas d'accord. Cependant même tout cela est résolu sans faute si l'on convainc ces opposants avec un cœur sincère comme celui d'un enfant. C'est sans espoir si l'on a même un peu l'esprit de dire : « Il est impardonnable qu'ils n'admettent pas que je pratique la Macrobiotique. J'ai le droit de défendre ma vie ».

Quelquefois le mari s'oppose très durement à ce que sa femme pratique la Macrobiotique. Toutefois, cette opposition est causée par la mauvaise attitude de l'épouse.

Son esprit n'est pas bien. Elle n'aime pas vraiment son mari. En croyant qu'elle aime son mari, en réalité elle s'aime elle-même. Si le mari n'écoute pas ce qu'elle demande sérieusement alors elle ne l'aime pas vraiment, et elle n'est pas aimée non plus. Elle ne sera jamais heureuse toute la vie et elle ne comprend pas la Macrobiotique.

Très souvent les dames de bonne famille viennent me voir et disent « Mon mari n'admet pas que je fasse la Macrobiotique. Il est complètement contre. Il achète de la viande et des gâteaux sucrés et les donne aux enfants. De plus il a une maîtresse ailleurs et cette femme, étant professionnelle, donne des maladies vénériennes à mon mari. Ainsi j'ai attrapé aussi une de ces maladies à cause de laquelle je suis venue vous déranger malgré ma honte. J'essaie de me guérir par la Macrobiotique, mais mon mari ne l'admet pas. Aussi quand je me suis améliorée de cette maladie, il me contamine de nouveau. Il change de femme l'une après l'autre sans attendre un an. J'ai vécu déjà presque 20 ans une telle vie. Que puis-je faire... Il vaudrait mieux mourir... » Je compte cette année déjà 6 femmes pareilles d'une famille considérable.

« J'ai envie quelques fois de mourir, mais j'ai 5 enfants et un autre va naître au mois de mai... Mon père étant officier militaire, n'admet pas que je retourne chez lui. Je puis devenir n'importe quoi mais j'ai pitié des enfants... Surtout ce qui est le plus misérable, c'est que mon mari a touché ma dernière sœur qui était chez nous l'année dernière. Je l'ai compris puisqu'elle a attrapé une maladie vénérienne... Elle est déjà enceinte. Je vis un enfer. Hier, enfin, je lui ai dit qu'il limite au moins ses aventures à une femme. Alors il m'a répondu « Je n'accepte pas tes interventions » Je lui ai dit, « Au moins il faut que tu fasses attention à ne pas attraper des maladies ». Alors il m'a donné une grande gifle en répondant « Un officier ne commet pas de telles lâchetés ! »

L'histoire lamentable peut durer même toute l'après-midi et elle revient 2 fois, 3 fois... Il y a pas mal de personnes pareilles, la femme d'un éducateur, la femme d'un fonctionnaire, la femme d'un procureur, la femme d'un médecin... mais curieusement rarement la femme d'un homme d'affaires.

D'après la Macrobiotique, les femmes de ce genre ont toutes des défauts physiologiques, qui ont été formés par une mauvaise alimentation qui date de longtemps. Elle est fautive car elle a un corps qui est infecté par la maladie vénérienne. Elle est fautive car elle n'a pas solidifié son corps comme du béton armé par la Macrobiotique. Elle est fautive car elle mange du sucre et des fruits ; De plus, elle a de grands défauts mentaux. C'est lamentable pour elle. Je suis certain qu'elle n'arrive pas à donner la satisfaction physique à son mari, qu'elle ne peut pas donner suffisamment la joie, la confiance, la certitude. Elle est pleine de défauts aussi bien mentaux que physiques. Une personne de foi, une personne de mentalité solide ne se trouve pas parmi ces femmes. Toutes ces personnes que j'ai vues jusqu'ici souffraient, sans exception de ces malheurs causés par leurs propres défauts.

Elles ne connaissaient pas leur crime. Je leur ai donc expliqué ces défauts du point de vue macrobiotique. Elles ont compris tout clairement et sont reparties chez elles avec joie comme si elles étaient réveillées d'un cauchemar. Beaucoup parmi elles sont revenues bientôt pour me remercier de l'amélioration de la famille infernale ou du changement de leur mari. Bien que je ne sois pas capable de corriger les défauts mentaux puisque je ne suis pas un grand spiritualiste, je peux guider par la Macrobiotique les défauts physiologiques ou physiques. Lorsqu'on s'améliore physiologiquement, le travail devient joyeux, l'efficience du travail augmente, et par conséquent, l'on agit assidûment du matin au soir, le soleil au cœur et la chanson aux lèvres. En voyant les actions de sa femme, le mari devient inconsciemment joyeux et le sentiment de reconnaissance jaillit tout seul chez lui. Les hommes ont l'instinct d'aimer la femme puisqu'elle est faible. (Toutefois, très souvent les tragédies et les disputes se produisent parce que la femme devient forte).

Il est évident aussi que souvent davantage des défauts se trouvent du côté du mari. Dans ce cas la solution est facile. C'est très facile tant que la femme a la compréhension suffisante du principe de la Macrobiotique comme le chef de « la pharmacie de la vie », c'est-à-dire de la cuisine ?

Elle a la liberté totale, avec la cuisine macrobiotique, de faire une personne masculine ou féminine, ou capable ou calme ou hésitante ou malade, ou même elle peut la tuer. C'est dire que le bonheur d'une famille dépend complètement du niveau auquel la femme a saisi le principe de la Macrobiotique. Quand on saisit ce principe, on peut le pratiquer comme on veut. Par contre, quand on ne saisit pas bien le principe l'on est entravé par l'alimentation macrobiotique. On devient rigide vis-à-vis de la Macrobiotique et l'on subira sans faute des échecs.

Ne soyez pas rigide avec l'alimentation macrobiotique !

Cherchez à tout prix l'essence de la Macrobiotique.

Comprenez bien que le monde de la Macrobiotique est celui de la Liberté Infinie, de la Paix Éternelle, de la Certitude absolue. La Macrobiotique, c'est la reconnaissance correcte des aliments comme matériel de l'homme, et elle nous enseigne même que ces produits alimentaires ont pour origine la « Grande Vie » qui n'est pas autre chose que « l'Ame », le grand « Moi ».

On n'arrive jamais à expliquer complètement cette merveille et ce mystère de la Vie. Il est au-delà de l'imagination, il est innommable et il est impossible de faire des théories dessus. Il n'y a qu'un seul moyen, pour reconnaître ce mystère, c'est l'Expérience. Saisissez-vite le principe Unique de la Philosophie d'Extrême-Orient qui est le Principe de l'alimentation macrobiotique. C'est « le Volant » de la vie. Nous avons appris heureusement, grâce à la maladie, comment manier ce « volant de la vie » si précieux.

Enfin il nous reste le cas le plus difficile, la plus grande difficulté, l'opposition de l'épouse ou l'incompréhension de l'épouse. Ce cas est vraiment fatal et mortel. L'envie du mari de pratiquer la Macrobiotique est facilement piétinée lorsque sa femme est contre.

Mon meilleur et inoubliable ami, M. K., qui m'a enseigné la Macrobiotique il y a plus de 20 ans a été victime de l'opposition de sa femme. Il est mort il y a 10 ans. Il a absorbé trop de poisson. Par contre, la veuve K. vit dans la profondeur du malheur, souffrant de maladies atroces déjà depuis 20 ans. Surtout depuis la mort de son mari elle vit en enfer sous la pression de difficultés financières.

Une telle femme qui n'accepte pas la Macrobiotique fait périr son mari. Elle ruine la famille et empoisonne la société. Dans ce cas là, le mari est obligé de choisir ; le divorce immédiat ou accepter d'être tué. Mais la décision doit être prise d'urgence, car le mari sera mort depuis longtemps avant que la femme ne comprenne la Macrobiotique. Il souffrira et se repentira jusqu'à la fin de sa vie de « cette mauvaise récolte de 60 ans » causée par sa femme.

Confucius a dit :

« Il est difficile de cultiver la femme et les hommes de petit esprit. »

Ce pauvre homme, paraît-il s'est marié avec une femme de mauvaise qualité, probablement pire que Xantippe. Lorsque la femme ne comprend pas le principe de la Macrobiotique, son mari et sa famille se noient dans le malheur et l'incertitude pour toujours et sans arrêt. Évidemment ce sera aussi le malheur de la femme.

Saisissez bien le principe de la Macrobiotique, l'homme ainsi que la femme, l'époux en même temps que l'épouse ! C'est le Principe de la Vie, c'est le Principe Unique !

La pratique sans la compréhension du principe, c'est la superstition, l'esclavage, l'obstination.

Le but spirituel de la Macrobiotique est la reconnaissance ou l'expérience ou la maîtrise de la Grande Nature, l'Infini, c'est le « Tao ».

C'est méditer à l'Infini, ou à Dieu dans la vie quotidienne.

CHAPITRE VIII

LE SECRET MÉDICAL DE LA MACROBIOTIQUE

— La Source de la Vitalité —

Innombrables sont les personnes qui ont été sauvées de la maladie par la Macrobiotique. Beaucoup de monde est guéri actuellement et sera guéri de plus en plus dans l'avenir.

Quand je vois ces gens et quand je réfléchis sur moi-même qui suis une de ces personnes et qui vis encore alors que j'aurais dû mourir il y a déjà plus de 20 ans, je ne sais dire que « Merci ! »

M. WAGO qui a recouvré la santé après une tuberculose (la fin du troisième stade) en un ou deux mois, M. TUTUMI qui a guéri sa lèpre qui date de 30 ans, Le général MATUI qui a vaincu sa colite chronique en trois semaines... l'asthme et les eczémas datant de plus de 50 ans, guéris en un mois, un cancer de la matrice, et de la poitrine, les névralgies, les rhumatismes, les aveugles, la poliomyélite, les muets, le crâne chauve d'une jeune fille, une femme stérile, une hernie de la matrice, la cataracte, la carie, le calcul rénal, l'épilepsie, la syphilis cérébrale, l'amnésie, le cancer de l'estomac, ... Incalculables guérisons surprenantes dans ma mémoire.

Tout cela était miraculeux. J'ai vu donc des miracles, et je vois chaque jour ce miracle depuis 20 ans... La Macrobiotique fait disparaître en un temps très court les maladies chroniques et elle les met sur la voie de la santé, de la beauté et du bonheur.

Quelle merveille et quel miracle !

Si ce n'était pas un miracle, qu'est-ce qui serait un miracle ?

Il y a d'autres maladies mystérieuses... Tout est guéri d'une manière rapide en un mois ou deux au plus. Les malades graves sont guéris plus rapidement que les malades qui ne sont pas graves, puisque ces derniers se mettent à la Macrobiotique moins sérieusement. D'ailleurs, un sur 10 parmi les malades graves qui ne s'améliorent pas en deux mois sont ceux qui sont destinés à mourir.

Quelle merveille ! Que c'est mystérieux !

C'est exactement le miracle !

Nous n'utilisons aucun médicament. Les atouts dans nos mains sont les aliments médiocres. Le riz complet, le radis noir, les carottes, les algues marines, ... Notre pharmacie est la cuisine.

Pourquoi ces maladies graves, incompréhensibles, ou innombrables, se guérissent-elles si vite uniquement et seulement avec la nourriture ? Quel est le secret ?

Je voudrais démontrer ce secret devant le public.

Il est extrêmement facile de guérir les malades. Je me demande quelquefois pourquoi c'est si facile.

Mais pourquoi tombe-t-on malade alors qu'il est facile de guérir ? Pourquoi retombe-t-on malade et souffre-t-on si longtemps ? Cela me semble quelquefois même comique. Cependant c'est tout à fait normal. (Moi-même je l'étais il y a 27 ou 28 ans) ! Tout le monde ignore le secret de la « nourriture » et de « la vie ». Dès qu'on aura le secret de la méthode macrobiotique, l'on saura la stupidité de tomber malade. La relation entre « la nourriture » et « la vie » est extrêmement simple et évidente. C'est ce que la Macrobiotique nous enseigne. Et quand on le comprend, on ne retombe plus malade.

Je n'attrape plus de maladies depuis plus de 20 ans et à présent j'ai envie de tomber une fois malade.

Lorsqu'on tombe malade, les gens disent : « Soignez-vous bien ». Et ils recommandent les repas nutritifs, les fruits, les vitamines, ... et le repos absolu. Or, ce n'est pas du tout la peine de soigner précieusement la maladie. Comme on la soigne trop gentiment, la maladie ne se guérit pas et elle recommence 2 fois et 3 fois.

Que faut-il manger, comment et en quelles quantités ?

L'homme vit en mangeant des aliments ? Tout le monde le sait et personne ne le sait, pourtant. On ne sait pas quoi manger, comment le manger et en quelles quantités.

Tant que l'homme mange des nourritures correctes, il peut vivre sainement sans maladies, c'est-à-dire joyeusement et sagement en s'amusant. Il sera libéré de maladies quelconques, il vivra avec un corps fort, le cerveau sage, la mentalité pacifique. L'homme n'est plus digne du roi de la création lorsqu'il mange des aliments qui ne sont pas corrects et il devient malade, faible, misérable et enfin, il commettra des crimes.

Que sont alors les aliments corrects ?

C'est une question assez difficile. Cela devient très compliqué quand on commence à chercher analytiquement, scientifiquement, c'est-à-dire d'une manière occidentale : les protéines, les graisses, les hydrates de carbone, les vitamines, les minéraux, les calories, etc... Et il n'y a pas une personne, même un savant, même un spécialiste, qui sache exactement les quantités et les qualités de tout cela. Même à propos des protéines seules, personne ne peut nous dire les quantités et les qualités correctes et convenables à l'homme, à plus forte raison, les vitamines et les minéraux. Il y a des personnes qui recommandent de prendre des pommes, mais elles ne peuvent pas indiquer avec responsabilité, pourquoi et quand et combien de pommes de quel pays il faut manger ? Même en ce mois-ci seul, je connais tant de victimes à cause des pommes, tel un garçon mort de dysenterie infantile, un pharmacien qui a failli mourir, un éducateur qui est mort après avoir absorbé 32 pommes en quatre jours, et une pianiste qui a été opérée de l'appendicite par erreur du médecin, etc...

A supposer que la vitamine C soit indispensable, il faudrait ne la prendre qu'en quantité nécessaire. Cependant, on ne sait pas encore cette dose et on ne la saura jamais, puisque les gens n'ont pas les mêmes constitutions corporelles, ni les mêmes natures, et qu'on ne peut pas décider la quantité commune à tout le monde comme un timbre postal.

Même si l'on cède 100 pas à la science occidentale et à supposer que la quantité convenable pour tout le monde soit décidée il serait toujours impossible de l'appliquer à tout le monde. C'est impossible à cause de toutes ces circonstances telles que la situation économique, car tout le monde n'a pas la même somme d'argent, la situation géographique, donc que faut-il faire pour les régions où les pommes ne se produisent pas, la situation difficile sur le plan agricole, donc il est impossible de produire les pommes nécessaires pour tout le peuple (au Japon), la situation nationale, donc l'État n'a pas assez d'argent pour fournir à tout le peuple une pomme par jour, etc.

Ainsi, en plus de la difficulté à décider les quantités

et les qualités de la pomme ou de la Vitamine C, il y a beaucoup de difficultés invincibles sur le plan de l'application. Comment peut-on résoudre toutes ces questions ?

N'y a-t-il pas une nouvelle hygiène plus simple, plus pratique, plus facile, et applicable à tout le monde ? A travers le monde entier et l'histoire depuis plusieurs milliers d'années, beaucoup de gens ont vécu et vivent sainement et joyeusement sans avoir une hygiène compliquée. Les gens du pays où ne sont pas produites les pommes, les gens qui ignorent les pommes, ne vivent-ils pas sans être aucunement gênés, en pleine forme, et dans la joie ?

L'homme doit pouvoir vivre sans exception dans le bonheur, en bonne santé et avec sagesse. L'homme serait extrêmement malheureux s'il ne pouvait pas être heureux sans pommes, s'il meurt vite sans 50 gr. par jour de protéines animales, s'il tombe malade sans études, s'il ne peut pas avoir une bonne santé sans argent. Surtout à ce moment-là, les pauvres ne pourraient jamais avoir la santé, ni la certitude d'une vie joyeuse, et jamais devenir ni sages, ni grands. Dieu créerait-il une telle inégalité ?

Non, jamais !

Tout le monde peut également vivre sainement et joyeusement. Pour vivre ainsi on n'a qu'à réfléchir un instant à la vie des animaux ou des hommes qui vivent ainsi. Depuis plusieurs milliers d'années nos ancêtres n'ont jamais été aussi malades et aussi faibles que les gens d'aujourd'hui. On peut connaître cette situation en comparant même la constitution corporelle d'il y a à peine 20 ans où la science occidentale ne régnait pas encore à un tel degré, avec celle d'aujourd'hui où la science a fait un énorme progrès.

Alors pourquoi ne pas s'arrêter un instant de suivre

la mode scientifique moderne puis réétudier et pratiquer la vie alimentaire traditionnelle millénaire et de juger sa valeur à nouveau ?

La différence entre les nourritures traditionnelles et celles que nous mangeons actuellement chaque jour, est énorme. Les aliments d'autrefois étaient complètement naturels tandis que ceux d'aujourd'hui sont artificiels... Le riz, par exemple, était cultivé dans le temps avec du fumier naturel, tandis qu'aujourd'hui on le cultive avec des engrais chimiques.

La nature et la non-nature ! Voilà le grand problème.

L'homme naît, grandit, a des activités ... Est-ce naturel ou non ? Oui, c'est pourquoi nous devons suivre la manière de la nature jusqu'au bout pour naître, pour grandir, et pour agir. Il est impossible de mener une vie heureuse ou d'obtenir la santé naturelle en vivant contre la nature.

La Nature ! C'est la nature qui compte.

Seuls, ceux qui respectent, admirent, aiment la nature, peuvent se développer de plus en plus sur la terre. On peut le constater même en comparant les herbes sauvages naturelles et les légumes agricoles artificiels. Les légumes agricoles sont sans tarder envahis et ruinés si l'homme ne les protège pas ; cultiver la terre, ôter les mauvaises herbes, donner des engrais, etc... Les herbes sauvages qui sont sans arrêt piétinées, coupées déracinées, poussent sainement, puissamment et dynamiquement.

Si l'homme veut ardemment vivre en bonne santé et dans le bonheur, il doit vivre proche de la nature, le plus possible. Il n'a qu'à vivre la nature.

Voilà le secret de la méthode macrobiotique.

Avant tout il faut faire l'effort de prendre des nourritures naturelles puisque l'homme peut naître, vivre, avoir des activités uniquement grâce à l'alimentation.

Que sont alors ces aliments naturels ? Les nourritures les plus naturelles pour l'homme, c'est ce que nous appelons les nourritures correctes.

Ce qui nous enseigne les nourritures les plus correctes et les plus naturelles, c'est la Macrobiotique. Les nourritures que les oiseaux et les animaux mangent sont les aliments les plus corrects et les plus naturels pour eux. Les nourritures les plus naturelles et les plus correctes pour nous, l'homme, c'est ce que nos ancêtres mangent depuis des milliers d'années. Cela diffère selon les religions, selon les pays ou selon les climats de diverses manières, c'est-à-dire que ces produits alimentaires divers parviennent du milieu climatique et géographique. Et les caractères différents de chaque peuple, les idées, les religions, les sociétés de chaque peuple, sont les dessins que les aliments différents selon les climats et les régions ont faits durant des milliers d'années.

D'après les expériences du peuple japonais, leurs aliments corrects et naturels comptent jusqu'à plus de 800 espèces nommées « bonheur de la montagne », « bonheur de la mer », « bonheur de la rivière », « bonheur de la campagne », et « bonheur de la rizière ». Ce nombre serait sûrement le plus grand du monde. (En France, environ 300 espèces, en Mongolie, seulement 5 espèces.)

Ne serait-ce pas cette richesse des aliments naturels qui donne un esprit large acceptant tout et ne serait-ce pas grâce à ces aliments nombreux que le peuple japonais a pu accepter, comprendre, digérer les philosophies chinoises, ou indiennes, ou arabes, et les idées occidentales ?

Le secret de la méthode Macrobiotique se trouve dans son enseignement de la nourriture la plus naturelle et la plus correcte.

La nourriture doit être classée en deux catégories :

le mets principal et le mets d'accompagnement. J'ai l'impression qu'en Occident et aux États-Unis cette distinction n'a pas grande importance de nos jours.

Les Japonais disent : « Je vais manger GOHAN (du riz), pour dire « Je vais dîner » ou « Je vais déjeuner » toutefois que les occidentaux ne disent jamais aujourd'hui « Je vais manger du pain ». Au Japon, « Riz » est le pronom du « Repas ». Ainsi la place du riz comme plat principal est très clairement distinguée.

Le premier pas macrobiotique commence par reconnaître la raison profonde par laquelle le plat principal, c'est-à-dire les céréales, est respecté.

Ceux qui ne reconnaissent pas cette importance des céréales n'ont pas qualité pour recevoir la santé, le bonheur et la Beauté par la Macrobiotique. Par contre, quand on reconnaît cette importance l'on sera assuré instantanément de la santé, de la beauté, de la sagesse et du bonheur.

La méthode macrobiotique consiste à faire manger correctement ce plat principal, les céréales. Pourvu qu'on absorbe correctement ce plat principal que la Macrobiotique enseigne, tout le monde peut avoir une bonne santé et le bonheur. Les maladies disparaissent toutes seules et même les maladies chroniques profondes s'améliorent en deux mois sans faute. Cependant, il n'est pas suffisant d'absorber des nourritures macrobiotiques mécaniquement tel qu'il est enseigné.

Il faut étudier par soi-même pourquoi il faut manger ces nourritures, pourquoi cela a été désigné traditionnellement comme les nourritures correctes et quelle valeur ont ces nourritures, et on doit pratiquer le plus correctement jusqu'à ce que l'on saisisse la logique universelle de l'alimentation de l'homme.

Les ancêtres japonais accordaient le plus grand respect à leur plat principal et ils en ont même fait un sujet suprême de foi et de respect pour le peuple.

Le plat principal — l'origine de notre vie — le riz était nommé avec grand respect « le Dieu TOYO-OUKE ». Au Japon donc, le riz n'était pas une simple nourriture qui apaise la faim était dans le fond « le Dieu de la Vie ».

Le peuple japonais célébrait le riz qui est origine de notre vie, qui est la vitalité même, qui donne la santé, la beauté, la sagesse, et le bonheur, comme un dieu. Cependant, ce peuple a oublié il y a longtemps toutes ces significations importantes et ne garde qu'un formalisme superstitieux de nos jours. La punition fait rage. D'une année à l'autre, la santé de la jeunesse s'affaiblit, la mortalité infantile augmente de plus en plus.

Reconnaître cette importance du plat principal, vivre correctement ce principe de la vie, voilà le secret de la méthode macrobiotique.

CHAPITRE IX

LA VÉRITÉ EST SIMPLE

— Ce qui est simple « la totalité et la nature » —
— Ce qui est compliqué « la partie et l'homme » —

Prenons une feuille d'herbe.

Une feuille d'herbe verte et mince. Elle est jolie, ses lignes nous font imaginer la houle des vagues sur l'océan.

Bien que ce ne soit qu'une feuille d'herbe médiocre, personne ne peut la copier. On peut imiter sa couleur et sa forme, mais on ne peut absolument pas imiter sa force de développement, sa vie, ses réactions chimiques, ses fonctions physiologiques. On ne peut pas imiter son énergie vivante. Quel grand chimiste pourrait-il imiter cette synthèse d'amidon, absorbant le CO_2 de l'air et rejetant le O_2 dans l'air et utilisant l'énergie du soleil. Une feuille d'herbe fait tous ces travaux plus habilement mais plus simplement que n'importe quelle grande usine chimique.

A plus forte raison, si c'est un grand arbre !

Regardez !

Il est haut ! 15 mètres ! 20 mètres !

Il tend ses branches qui sont semblables à des bras robustes, dans les quatre directions. Il plante ses racines, semblables aux jambes d'un champion de catch, dans les profondeurs de la terre, afin qu'il puisse résister à n'importe quels tremblements de terre et n'importe quelle tempête.

Ce bruit rafraîchissant de la cîme lorsque le vent du matin y passe ! Ces éclats de chaque feuille lorsqu'il se baigne dans la lumière du soleil de l'après-midi ! lorsque la tempête souffle violemment sur lui, l'arbre est entraîné à s'incliner sur le côté, presque déchiré en mille morceaux, à se coucher de force presque à terre, mais il se redresse spontanément dès que le vent cesse ses violences cruelles. Il répare ses toilettes gâchées comme une belle femme qui lisse doucement ses cheveux ébouriffés avec les doigts fins de sa main.

Lorsque la pluie tombe l'arbre se baigne, agréablement détendu, en se trempant dans la pluie.

Lorsque tombe la neige, l'arbre se tient debout sans bouger comme une dame noble qui réfléchit en plongeant son visage dans son écharpe de fourrure, sous la neige qui s'amoncelle. L'arbre ne la balaie jamais d'un air ennuyé.

Et il continue à se tenir debout à un même endroit, des années, plusieurs dizaines d'années et même plusieurs centaines d'années, sans avancer d'un pas.

C'est un simple arbre, médiocre. Toutefois quand on le voit de loin, il vivifie le paysage d'ensemble avec la puissance de sa vie. Quand on s'approche de l'herbe, il nous invite sous ses frais ombrages, il nous fait même des cadeaux savoureux et rafraîchissants. Les nuages du ciel, semble-t-il, descendent quelquefois, pour caresser cet arbre.

Un arbre qui tend ses bras hauts dans le ciel... Quelle beauté simple sans aucune intrigue ! Quel nostalgie il provoque en nous !

La beauté de la nature est simple. Elle est médiocre

en apparence. Cependant, lorsqu'on l'observe de près et en détail, elle est pleine de figures mystérieuses.

Si l'on recueille, en plus, une parcelle de la nature et qu'on en voit la coupe sous le microscope, sa constitution est de plus en plus mystérieuse, et si on l'analyse chimiquement l'on trouve des organismes de plus en plus incompréhensibles. Cela demeure au-dessus de l'intelligence humaine.

La beauté de la nature est sa simplicité qui cache au maximum dans sa profondeur les complexités les plus grandes. Une partie de la nature pousse toute seule avec force tant qu'il y a le sol, la lumière, le vent et l'eau.

Par contre, toutes les créations de l'homme, la beauté que l'homme a créée (les beautés artificielles) sont très complexes en apparence. Une maison, un avion, un train, une machine, ou par exemple une montre, ont une constitution extrêmement complexe. Ainsi sont un électrophone, un appareil de photo ou une radio. Toutefois, si on les démonte, ils contiennent des pièces si simples que l'on s'en étonne.

C'est dire que ce qui a été fait par les mains de Dieu est simple en apparence mais extrêmement complexe en réalité et ne permet pas l'imitation par l'homme ; tandis que ce qui a été créé par l'homme a une constitution très compliquée au premier abord, mais très simple lorsqu'on le voit à la décomposition.

La vie de l'homme a été créée par le Créateur de la grande nature. Apparemment, l'homme est formé de quatre pattes, un corps et une tête, et il paraît très médiocre. Toutefois l'homme est une existence très mystérieuse et très incompréhensible.

Regardez une main. Elle n'a qu'une paume et cinq doigts mais elle a une force admirable. Elle est vivante. Elle bouge. Elle a créé l'histoire. Elle a commis tous les crimes possibles sur la terre. Elle a fait toutes sortes de bonnes choses. C'est elle qui a créé les civilisations. Et pourtant elle est et était un instrument extrêmement simple.

La santé, c'est le vrai visage de la vie.

La santé est une chose extrêmement simple. Elle ne fait aucun bruit. Elle est plus calme que le moteur le plus minutieusement perfectionné. Les biologistes et les médecins ont démonté audacieusement tous les organes, le cœur, les poumons, les nerfs, l'estomac, les intestins, etc... et tous les tissus en détail, et pourtant tout cela ne fait qu'une médiocre et petite figure du corps dans lequel tous ces organes sont recouverts par une seule peau très fine.

Nous avons la mémoire. Elle retient très exactement ce qui s'est passé même il y a plusieurs dizaines d'années. Elle nous fait chanter spontanément même les chansons qu'on a entendues il y a trente ans. Même n'importe quel phonographe automatique ingénieux ne peut pas choisir aussi spontanément le disque qui a été inspiré d'une chanson il y a 30 ans. Même si un tel tourne-disque existait, il devrait être extrêmement complexe et il ne serait pas d'une composition et d'une forme simple et petite comme l'homme. Même une lentille extrêmement délicate de l'appareil de photo ne peut pas être aussi exacte et aussi efficace que l'œil de l'homme vivant.

C'est-à-dire que les créations de la nature, surtout les êtres vivants, sont apparemment très simples mais en réalité très complexes, alors que les créations de l'homme sont des formes extrêmement complexes en apparence mais en réalité très simples et très enfantines.

La santé est aussi une chose qui est faite par le Créateur de la nature. Nous devons accepter, telle qu'elle est, la forme simple qui cache au fond de son cœur sa complexité et nous devons en jouir, la remercier et l'admirer.

Nous n'avons pas besoin de connaître complètement la raison de la formation de la vie ou de la santé en les décomposant analytiquement. Aussi, ce n'est pas une vie réalisable. Il est préférable que l'homme accepte joyeusement la merveille de la santé et de la vie, et qu'il mène une vie heureuse en se réjouissant et en chantant la joie de vivre. Dans ce but on n'a qu'à se rapprocher du Créateur et qu'à être embrassé par la nature. On n'a qu'à tout confier aux mains du Créateur de la Grande Nature. Jour et Nuit on n'a qu'à s'accrocher à la grande nature, le Créateur. Il nous suffit de méditer sur la Grande Nature et de ne pas l'oublier du matin au soir.

Le jour se lève !

Ah, Dieu tire le rideau de côté pour nous.

Le vent rafraîchissant passe !

Ah, c'est le souffle de Dieu. La grande Nature attend toujours notre réveil comme une mère pleine d'affection qui scrute le visage du bébé qui se réveille ! Le vent du matin est un souffffle et une parole d'affection. La lumière douce qui s'écoule, c'est celle des yeux pleins d'affection de la mère tendre.

Jouons l'enfant auprès de notre mère tant que nous voulons !

Maman ! Mère de la vie !

Prenons une tasse du lait de la mère qui est plein de l'énergie et de la vitalité de la grande nature. C'est notre petit déjeuner.

Il doit être « le bonheur de la terre », la nourriture végétale de la nature. Il doit être naturel. Les meilleurs aliments sont les herbes sauvages qui ont poussé uniquement dans les mains de Dieu. Le riz ! Les petits grains végétaux ! Les belles racines fraîches d'herbe, navets, radis, carottes... ! De l'eau fraîche du courant, de la source puissante, du puits frais et profond !

En ajoutant un peu de sel ! C'est le « bonheur de la mer » ! La source de la puissance !

Quel délice millénaire !

C'est tout ce qu'il faut. Quelle simplicité, quelle primitivité, de cette table !

Il n'y a que la nature. La nature a été introduite sur la table. Ce n'est qu'une goutte de lait sortant du sein du Créateur de la grande Nature. Cependant son goût est celui de la Grande Nature elle-même. Le goût de l'Amour Infini, de la reconnaissance grandiose, de l'Univers. Ce repas n'a pas de goût artificiel provoquant comme les bons goûts gastronomiques du restaurant, ni les couleurs artificielles qui trompent les yeux, ni le goût du sucre qui trahit les sens.

Ce repas reste tout naturel.

C'est la nature elle-même.

Le goût de la cuisine macrobiotique est primitif. C'est le goût du fameux « WABI », qu'on cite dans la poésie de Haïkaï. C'est l'état d'âme de « SABI » qu'on cultive à l'école de « la Cérémonie du Thé ». Ce goût noble de Haïkaï est celui de la Grande Nature qui exprime sa complexité suprême en sa forme la plus simple. C'est la beauté de la nature.

Celui qui ne comprend pas ce goût doit mener une vie semblable à un désert. Il poursuivra, à tort et à travers, les plaisirs sensoriels et plongera dans les goûts gastronomiques et exotiques, et enfin il se ruinera.

Les gens vont de plus en plus à la montagne et à la mer, soit pour les sports d'hiver, soit pour vacances. Ils cherchent la beauté et la liberté de la nature, et surtout ils veulent trouver l'essence de la santé en eux. Comme les chercheurs de paillettes d'or allaient dans les régions éloignées de l'Alaska en dépit de dangers, comme les gens qui recueillent les diamants pénétraient les régions sauvages de l'Afrique brûlante, les gens d'aujourd'hui vont chercher la source de la vie et de la santé qui sont le plus précieux en ce monde.

Or, participant à cette expédition aventureuse, cherchant amoureusement les secrets de la nature, qu'ont-ils dans leur sac de touriste ? Du chocolat, du café, des bonbons colorés, de la bière, du pain blanc, des fruits exotiques, des conserves diverses, des jus de fruit ! Rien que des choses qui violent l'ordre de la nature !

Quoiqu'ils se jettent au sein de la nature avec des efforts pénibles, ils mangent des nourritures artificielles que la nature ne donne jamais, après les avoir transportées avec beaucoup de peine. A quoi sert-elle, cette aventure ?

En cherchant la beauté, ils ne mangent que des nourritures artificielles, étrangères, qui violent l'ordre de la nature. C'est bien comparable à celui qui a payé tant pour acheter un billet RAPIDE pour aller à Amsterdam mais qui a pris l'express pour Marseille.

Quant à l'air, ils respirent l'air de la montagne forcément et inconsciemment, mais si c'est seulement pour l'air ce n'est pas la peine d'aller jusqu'à la montagne ! L'air coule sans arrêt ! Même dans la grande ville, si l'on sort dehors, surtout de bonne heure le matin, à plus forte raison si l'on va jusqu'en banlieue, l'on peut respirer du très bon air. Quand à l'ascension simple de la montagne on peut la faire chaque jour dans la ville même. On n'a qu'à monter jusqu'au 7ᵉ ou 8ᵉ étage à plusieurs reprises sans employer d'ascenseur ou l'on n'a qu'à faire des courses avec un tram ou avec un autobus.

La chose la plus importante, c'est la nourriture.

L'origine de la vie est la lumière du soleil, l'air, l'eau et leur cristalisation, la nourriture. Et on peut avoir partout de la lumière naturelle, de l'air naturel et de l'eau naturelle, quoiqu'il soit difficile d'avoir des aliments naturels. Par exemple, les nourritures principales les plus naturelles pour les gens de Tokio, sont le riz et l'orge qui sont produits aux environs de Tokio. Or, ceux-ci sont difficiles à acheter. Les légumes sont également pour la plupart d'un pays lointain. C'est-à-dire contre la nature. De plus, les aliments qui sont produits dans le pays ne sont pas des cristallisations par l'énergie de Dieu ou de la nature, mais ils sont des produits faits avec des engrais chimiques, artificiels. Les poissons que les citoyens de Tokio mangent sont encore pires, environ 70 % qui viennent de la mer lointaine, la mer de la Chine du sud, du Mexique, du Pacifique sud, du cercle antarctique. Tous viennent de plus de 2.000 km. Il n'y a pas plus anti-naturel que de « Vivre à Rome autrement qu'à Rome ».

Quant aux fruits !

Presque tous les fruits viennent de l'étranger lointain, ou des cristaux anti-naturels comme les primeurs ou les cultures artificielles. De plus tous ces fruits sont cultivés avec énormément d'engrais chimiques et des insecticides empoisonnés !

Quel assassinat atroce ! Le massacre en quantité ! L'empoisonnement d'un peuple !

Quant aux gâteaux !

Il n'existe que ceux qui sont solidifiés avec du sucre produit dans les pays tropicaux distants de 2.000 km au sud. Les chocolats viennent de plus de 5.000 ou 10.000 km. Tous ces gâteaux sont tous joliment colorés avec des couleurs artificielles ! On dirait que ce sont tout à fait des poisons pour un homicide !

Ils ne tuent pas immédiatement les hommes, mais les tuent certainement lentement. Absorber de telles nourritures régulièrement, c'est le suicide en même temps que l'homicide à une vitesse lente.

La nature est la chose la plus simple.
Regardez le soleil et les étoiles !
Observez bien les vieux arbres !
Comment sont les petits oiseaux !
Ramassez les fleurs des herbes sauvages et regardez-les !
Lisez la complexité dans la simplicité de la nature !

On a entendu souvent dire que cette terre que les sages et les grands philosophes ont crié, « Retournez à la nature ». Cependant ces cris ont toujours été oubliés et ont disparu à l'insu de tout le monde, car on ne savait pas le moyen de retourner vraiment à la nature. Ce moyen était trop simple et trop facile pour être bien connu.

Le chemin unique pour retourner vraiment à la nature, ne peut pas être autre que de prendre ces nourritures correctes et naturelles.

S'il est nécessaire pour l'homme de retourner à la nature, nous devons avant tout remettre à la nature la nourriture qui est la première condition de notre vie.

Si l'on ne respecte pas « la loi de l'identité du corps et de la terre », il ne nous reste qu'à être expulsé du milieu. La loi de GRESHAM qui dit « La mauvaise monnaie chasse la bonne », n'est valable que dans le monde économique, étroit, artificiel (c'est-à-dire dans le monde où l'économie naturelle ne se manifeste pas). Par contre, dans le monde de la Grande Nature, au pays de la vie, c'est la loi de Dieu, « la loi de l'identité du corps et de la terre » se manifeste solennellement sans aucun désordre. Celui qui viole cette loi est immédiatement puni, expulsé de la société, envoyé à l'hôpital, expulsé du domaine de la santé joyeuse, et il n'a qu'à mourir.

Celui qui veut, dans ce monde solennel de la grande nature, pleine de joie, chanter comme les oiseaux, pousser comme les grands arbres, embaumer comme les fleurs, voler et s'amuser librement dans le vaste ciel et sur la terre comme les oiseaux doit d'abord et avant tout regarder la nature.

La nature c'est Dieu, et Dieu c'est la vérité Unique sur la terre. C'est l'ordre éternel qu'on ne peut jamais oublier.

L'ordre éternel est la simplicité extrême englobant la complexité infinie.

Si l'on comprend cela on est un merveilleux poète, on fera spontanément des poésies. Cependant, même si l'on ne peut pas faire de poésie, il suffit de comprendre la beauté de la nature ; lorsqu'on comprend à fond la joie de vivre avec la nature, l'on n'a plus besoin de faire de poésie puisque notre vie entière sera chanson et poésie.

Quoiqu'il en soit, la santé est ce qui est naturel. On ne peut jamais la fabriquer artificiellement.

Ce qui est naturel, c'est toujours le plus simple. Suivre et prendre ce qui est naturel c'est l'acte le plus simple et le plus naturel. Ceux qui se sont écartés de ce chemin de la nature, tombent malades, sans échappatoire.

La vérité est simple. Elle ne demande presque pas d'explications. Ce n'est pas la peine de faire des raisonnements.

La vérité est simple car elle doit être ce que tout le monde peut comprendre.

La vérité de la vie, la vérité de la santé, la Macrobiotique est extrêmement simple. Elle est compréhensible à tout le monde, elle est praticable à tout le monde, et n'importe où.

Y a-t-il autre chose aussi simple que cela ? Si vivre sainement et joyeusement était extrêmement compliqué, nous qui ne sommes pas savants devrions rester toujours malades et ceux qui ne sont pas riches, devraient souffrir toute leur vie de maladies. Dieu n'a jamais fait un monde aussi injuste.

Nous pouvons penser à la Grande Nature ou à Dieu n'importe quand et n'importe où. Notre âme possède l'intuition. L'intuition est ce qui saisit la totalité ultra-logiquement. Elle est donc la totalité elle-même. Bien que notre corps ne soit qu'une minuscule partie, il vit par la totalité, c'est-à-dire, la grande nature et cette totalité de la grande nature est notre âme, la vérité de l'intuition.

Connaître Dieu, méditer sur la grande nature, reconnaître la totalité, c'est la seule sagesse suprême qui est donnée à l'homme. La méthode unique et suprême qui élève cette sagesse suprême, ce jugement suprême, c'est notre chemin, notre voie Macrobiotique.

CHAPITRE **X**

LA MALADIE EST GUÉRIE

— La Volonté de guérir la maladie.
— La foi en la guérison.
— La force mystérieuse de la vie de l'âme.

Face à la guérison de la maladie par la Macrobiotique, nous devons avant tout avoir la volonté de fer de guérir la maladie, et la foi en la guérison.

Cependant cela ne signifie pas de le croire aveuglément comme dans les religions. La Macrobiotique nous enseigne ce qu'est la nourriture correcte, et le chemin pour devenir sains, beaux, sages et heureux. Nous devons donc reconnaître sérieusement que les maladies incurables par une telle méthode n'existent pas. Cela ne signifie guère que la croyance en cette méthode qui guérit. On doit comprendre et assimiler clairement la raison pour laquelle la maladie se guérit, ne peut pas rester sans être guérie, qu'on le croie ou non. La foi en la Macrobiotique est la méditation unique. C'est la sagesse elle-même.

La nourriture correcte est l'âme de Dieu ou la grâce de Dieu. Le Dieu, c'est la grande vie qui occupe pleinement tout l'Univers. Nous sommes les petites poussières partielles de cette grande Vie, et toutes les existences sont permises grâce à l'existence de cet Univers, le Dieu. Lorsque cette poussière oublie sa propre position infinitésimale elle ne peut plus vivre, ou bien elle souffre. Si on connaît correctement l'Univers, le Dieu et sa propre position, on devient à coup sûr joyeux, sain, sage, beaux et heureux. Il ne peut en être autrement.

La Macrobiotique est le moyen de connaître tout cela. La Macrobiotique est vivre avec cette idée, c'est-à-dire, recevoir avec gratitude uniquement des choses que l'infini nous donne directement. Donc, la foi en la Macrobiotique est une vie pratique quotidienne basée sur la loi de l'Ordre de l'Univers.

On doit comprendre à fond qu'il n'y a pas d'autre voie pour vivre joyeusement que la connaissance et la pratique de cette grande nature, et qu'on vivra bon gré mal gré correctement par cette voie. Cet esprit, cet état d'âme est la vraie foi. On doit avoir la sagesse de comprendre que toutes les maladies sont guéries en suivant cette voie et qu'il n'y en a pas d'autres. Si on manque de sagesse à ce niveau on n'a qu'à étudier jusqu'à ce qu'on arrive à comprendre. Si l'on ne vit pas cette sagesse on ne diffère pas des animaux même quand on est sain physiquement. Ça n'a pas de valeur, il y manque le bonheur.

La volonté de fer pour guérir la maladie est ainsi : Moi, qui suis avec l'Infini, le grand Univers, la Justice, je tenterai de conquérir les maux et les dieux de la mort quels qu'ils soient, et j'examinerai à quel degré je me suis assimilé à l'Infini omniscient et omnipotent, à la Grande Nature Éternelle. S'il y avait quelque défaut dans ma compréhension de ce grand Univers, dans ma connaissance, dans ma pratique ou dans ma foi, je devrais les corriger jusqu'au bout. C'est le plus important, plus urgent que de guérir la maladie physique. Je dois approfondir le secret fondamental de la vie. C'est la volonté de guérir la maladie.

La foi en la guérison, c'est de reconnaître clairement que la Macrobiotique est la voie unique vers la santé, la beauté, la sagesse et le bonheur, et que c'est la voie unique que tout le monde doit prendre sans faute.

Et la volonté de guérir la maladie est l'attitude spirituelle aux abois suivante : Je connais et pratique la Macrobiotique. Si je la connais et la pratique vraiment correctement, je pourrai guérir n'importe quelle maladie. Si non, ma compréhension est superficielle et ma pratique n'est pas complète. Je dois les corriger et je dois les approfondir malgré toutes les difficultés. Je dois confirmer jusqu'à quel niveau j'ai compris et ai pratiqué cette Macrobiotique.

Même quand on comprend bien la Macrobiotique, si on pratique seulement sur soi-même ce n'est pas la vraie compréhension. Si on ne peut pas guérir les autres, si on ne peut pas guider les enfants par la Macrobiotique, on n'a pas vraiment compris. Par contre si on a vraiment compris, on ne peut rester silencieux devant d'autres malades ou les ignorants de la Macrobiotique. Si on a vraiment compris on doit pouvoir guider n'importe quelle personne vers la beauté, la santé, la sagesse et le bonheur.

La Macrobiotique est la voie unique éternelle. Elle doit être, donc, celle qui donne la certitude au corps ainsi qu'à l'âme, et celle qui fait saisir scrupuleusement le secret du corps et de l'âme. La Macrobiotique doit être celle qui fait disparaître toutes les souffrances de l'âme et guérit toutes les maladies du corps. C'est l'entraînement philosophique de l'âme. C'est pourquoi le véritable expert de la Macrobiotique doit posséder une force magique spirituelle ainsi que physique. Une telle personne réalise tout ce qu'elle veut. Elle a la liberté en n'importe quelle circonstance.

Je suis bien convaincu du mystère et de la merveille du corps.

C'est ce qu'on ne peut jamais expliquer par la science ni par la sagesse de l'homme. Une petite cellule qui se loge dans la matrice se divise en deux, et en quatre, en huit, en mille. Et toutes ces cellules deviennent le nez, les poumons, l'estomac, les intestins, ou les nerfs, les cheveux, la peau, les dents, etc... Quels mystères et quelles merveilles !!!

Les cellules deviennent le sang qui court, le cerveau qui pense, produisent les paroles, font agir, dormir, avoir faim, digérer, créent le corps... Pas un phénomène qui ne soit mystérieux.

Tant qu'il y a cette vitalité mystérieuse de la vie, nous pouvons continuer de vivre, nous pouvons guérir les maladies. Cette vitalité doit être la force de Dieu, ou de l'Infini.

Je suis convaincu, également, du mystère et de la merveille de l'âme.

C'est arrivé il y a plus de vingt ans lorsque je travaillais comme employé dans une compagnie d'export-import où j'assistais le directeur qui s'appelait K. FUKUSIMA. Il était si gentil pour moi qu'un jour j'ai dû dire, « Je m'efforcerai de vous témoigner de la reconnaissance et je ferai attention de ne pas vous donner d'ennui ». Sa réponse fut : « Ne dis pas des choses comme un étranger. Tu feras tout ce qui te plairas, et toutes les responsabilités sont pour moi. Je serai bien heureux si tu me donnes des ennuis ».

Ainsi, sa confiance en moi était sûrement plus grande que mon respect pour lui.

Bientôt il partit pour l'Indochine chargé de missions commerciales et je dus tenir le bureau à sa place. Il fit des travaux brillants partout en Indochine et je travaillais en oubliant de manger et de dormir, au bureau du matin au soir.

Je n'oublierai jamais. C'était à minuit du 30 Septembre. Il faisait de la pluie et du vent violent. Comme d'habitude je commençais à m'endormir sur la table... et chose mystérieuse et bizarre, j'étais venu au port de KOBE sans savoir comment. Le soleil brillait fort. Un train de marchandise noir arriva devant moi.

La porte du centre du wagon s'ouvrit sans bruit. Mon Dieu ! De ce wagon noir M. FUKUSIMA vêtu d'un costume d'été descend. Je m'approche de lui et dis :

« Qu'avez-vous M. FUKUSIMA ? Vous revenez drôlement tôt ! Je n'ai pas encore préparé la réception de bienvenue. La chanson de bienvenue est déjà faite, mais je ne l'ai pas encore apprise aux autres... »

En monologant ainsi, je lui ai serré la main.

Ah, cet instant ! Ce frissonnement du moment ! Que sa main est froide !

« M. FUKUSIMA, qu'est-ce que vous avez ?... »

Je regarde son visage de plus près en lui posant cette question. Des larmes froides couraient sur ses joues, bien qu'un doux sourire se vit dans ses yeux...

A ce moment-là, mon rêve a été brisé par le bruit de coups violents à la porte, « Doun doun doun... » J'ouvris la porte doucement et je vis le facteur dans la tempête violente qui m'apportait un télégramme rouge (étranger).

Le télégramme communique, « FUKUSIMA MALADE HOSPITALISÉ A L'HÔPITAL D'ARMÉE », bureau d'origine SAIGON - Indochine Française.

Le lendemain je reçus une autre information communiquant la mort de M. FUKUSIMA.

Aussitôt, en toute hâte, je partis pour SAIGON sur un vieux bateau-poste français, « Manche ». En arrivant à SAIGON après plus d'une dizaine de jours, immédiatement je me précipitai à l'Hôtel ROTONDE et pris une chambre où M. FUKUSIMA logeait il n'y avait pas longtemps. Il était juste midi.

A SAIGON tous les bureaux et les magasins ferment de midi jusqu'à 14 heures. Je me suis allongé un instant sur le lit où couchait M. FUKUSIMA autrefois. Il me semble que j'étais fatigué de ce voyage par mauvais temps, je m'endormis aussitôt.

Je m'éveillai tout à coup, j'entendis une conversation dans ma chambre, à côté de moi.

C'était bien la voix tendre de M. FUKUSIMA !

Je tentai de me lever de toutes mes forces, mais je ne pus point bouger comme si j'étais cloué sur le lit. En réfléchissant que probablement j'avais attrapé la malaria, j'écoutais sans intention les paroles de M. FUKUSIMA. Il parla ardemment et sans cesse de moi à quelqu'un que je ne connaissais pas. Mais il me semblait que c'était un secrétaire qui s'appelait M. BABA... probablement...

La conversation de M. FUKUSIMA me concernant ne s'arrêta pas facilement. Cela continua et continua... 10, 20, 30 minutes, probablement cela dura une heure...

« Toc, toc, toc ». Quelqu'un tapa à la porte...

La conversation de M. FUKUSIMA s'arrêta pile.

Aussitôt, je sautai comme si j'avais été poussé par un ressort, je me levai. Je ne vis personne dans ma chambre, dont toutes les fenêtres étaient couvertes par le store. Seulement j'entendis les petits cris des gekkos noirs qui bougeaient en groupes partout sur le plafond... ti, ti, ti, ti, ... Et M. FUKUSIMA ? ; avait-il disparu par la fenêtre ?

« Toc, toc, ... toc, toc... »

« Entrez ! »

Celui qui entra n'était pas M. FUKUSIMA, mais un individu que je ne connaissais pas, un nouveau secrétaire provisoire de M. FUKUSIMA. Comme j'étais encore ébahi par la conversation mystérieuse que je venais d'entendre, je m'assis sur la chaise cannée sans rien dire, une table entre moi et M. BABA. Il commença à me parler.

J'écoutais ses paroles distraitement, encore à moitié dans mon rêve. Mais soudain, je sursautai comme si j'avais subi un choc électrique violent dans tous mes nerfs.

L'histoire que M. BABA vient de commencer à raconter est tout à fait pareille à celle de M. FUKUSIMA que je viens d'écouter dans mon rêve...

« Ah, arrêtez-vous de parler. J'ai entendu toute cette histoire. N'est-ce pas, M. FUKUSIMA se cache dans cette chambre. Vous avez entendu cette histoire tout-à-fait ici, n'est-ce pas ? »

Je voulais dire cela, et l'empêcher de parler, mais j'avais perdu la liberté de langage et ne pouvais même pas lever les mains, sous le choc de ce phénomène étonnant.

L'histoire de M. BABA dura environ une heure. Il continua à parler sans cesse et sans voir, me semblait-il, cette tension bizarre sur mon visage, parce que la chambre entièrement fermée par le store était sombre.

Enfin il commença à raconter ce que fut la dernière heure de M. FUKUSIMA.

« Soudain il s'est réveillé de son long coma. Il m'a dit en souriant — M. BABA, je viens de rencontrer M. SAKU-RAZAWA, et nous avons parlé ! — Un instant après il était déjà mort ». Ce dernier moment était exactement l'heure à laquelle je rêvais, à la table du bureau, que j'allais au port pour recevoir M. FUKUSIMA.

J'ai eu souvent de telles sortes d'expériences de transmission de pensée. Surtout cela augmentait de plus en plus au fur et à mesure que j'approfondissais la Macrobiotique... Je sens quelquefois que j'habite un monde qui surpasse le temps et l'espace. Quand je pense très spontanément qu'aujourd'hui quelqu'un peut venir, la personne vient aussitôt sans retard, très souvent.

Cela m'est arrivé aussi tout dernièrement.

La nuit où je suis revenu à Tokio de Formose, je suis resté un petit moment à côté du lit d'un malade, M. N. J'ai dû le quitter peu après car l'heure du train pour NIIGATA approchait. Je me suis hâté à la gare de UYENO et j'ai pris une couchette. Je me suis allongé sur la couchette mais ie ne m'endormais pas encore. Soudain je vis devant moi M. N. qui se levait. Il ne parla point. Je lui dis, « Ah, c'est notre séparation. SAYONARA ! Tu as bien lutté jusqu'au bout. Repose-toi un peu. Ne t'inquiète pas du reste. Je m'occuperai de ta mère et de tes petits frères. Tu peux compter sur moi ! » M. N. disparut. Le train avançait dans le noir avec un bruit assourdissant qui faisait résonner le sol.

Le lendemain en arrivant à NIIGATA j'allais commencer ma conférence. Je reçus un télégramme qui me fit connaître que la dernière heure de M. N. advint à l'heure précise où je parlai avec lui dans le train.

Je connais la nature de l'âme qui surpasse le temps et l'espace.

Je reconnais que notre âme s'amuse dans le temps infini et dans l'espace éternel quoique notre corps soit prisonnier des chaînes de fer dites le temps, et qu'il soit enfermé dans une cage de fer dite l'espace.

Notre âme c'est la totalité. Le corps n'est qu'une partie de cela. Notre corps est un peu comme le poste récepteur, qui raconte une partie des ondes électriques qui occupent pleinement tout l'Univers.

Quoique la nourriture soit une sorte d'énergie de la même matière que les ondes électriques, elle est un courant électrique qui fait fonctionner ce petit poste récepteur, et qui chauffe le tube à vide. Aussi la nourriture est la matière qui constitue ce poste récepteur. Selon la nature de cette matière et ce courant électrique, nous recevons de la correspondance, quelquefois plus, quelquefois moins, des ondes électriques qui s'écoulent dans les trois dimensions, c'est-à-dire, longueur, largeur et hauteur, et un autre développement, « le temps », de tout l'Univers.

Nous devons profondément admirer la merveille de ce corps et de cette âme, et nous devons vivre le mieux et le plus profondément possible dans ces deux directions en nous laissant embrassés dans les bras de cette délicatesse admirable.

Si cela concerne seulement la santé ou la longévité physique, même les sauvages ou les barbares, même les animaux peuvent l'établir. De plus, la santé limitée au corps n'est qu'un phénomène éphémère, mesquin, pitoyable, lamentable, souffrant, désolant et triste.

Cependant, lorsque nous menons une vie joyeuse et libre avec ce corps comme poste récepteur qui communique et correspond avec tout l'univers, en cherchant à fond les secrets de l'Univers, en causant avec le Dieu, en riant avec le diable, en parcourant en un instant, et en une pensée librement, le temps illimité et l'espace sans fin, nous éprouvons pour la première fois la joie la plus grande de vivre. A ce moment-là — qui ne pourrait arriver qu'un jour seulement, qu'une heure, ou qu'une seconde — nous découvrons vraiment que la vie vaut la peine d'être vécue. En plus, ce poste récepteur de l'Univers, de la totalité, de Dieu n'est pas pareil à la machine minable que l'homme fabrique. Celle-là cumule en même temps l'émettrice. Comme M. NATORI et M. FUKUSIMA sont venus me voir, je peux aller, de mon côté, voir qui je veux, sans déplacer mon corps. Je peux communiquer mes pensées où que ce soit. C'est ce que tout le monde peut réaliser lorsqu'on s'est détaché totalement. On ne peut pas lorsqu'on est attaché à la matière ou au corps. On acquiert le pouvoir surnaturel imprévu lorsqu'on est hors de soi en étant absorbé par la pensée de son amour chéri, la nuit comme le jour, lorsqu'on vit dans un monde purement spirituel en oubliant le corps et la matière dite ego. Dans ce sens, on peut dire que l'on peut guérir les maladies lorsqu'on se concentre de toute son âme à leur guérison. Cela ne signifie toutefois pas que la maladie est guérie parce qu'on s'est concentré, cela parce que la pensée de toute son âme fait enfin savoir, « Ce qu'il faut faire », et « Ce qu'il faut manger ».

(Je voudrais raconter tant de choses à propos du rêve. Je suis un rêveur perpétuel. Mes activités, mes pensées, ma vie, tout est rêve. J'aurais pu avoir une autre occasion d'écrire « Le rêve et la Vie » à la suite de l'édition de ma traduction de : Les Primitifs, leurs religions, leurs idées, leurs sociétés, de Lévy Bruhl).

Quoiqu'il en soit, nous établissons un corps sain par l'alimentation correcte et pénétrons à toute vitesse dans le secret et la merveille du grand Univers, la grande âme, le Dieu, pour nous permettre d'obtenir la grande liberté. Ainsi aboutissons-nous à une vie joyeuse, profonde, éternelle, à la joie infinie, c'est-à-dire au vrai bonheur. La guérison de la maladie du corps est peu importante et peu intéressante. Si cela se limite à la guérison de la maladie c'est vraiment ennuyeux. Prolonger de seulement 10 ans, ou 30 ans une vie médiocre, de 50 ans ou 100 ans, ce qui n'est qu'une vie désolante prise entre la matière et l'argent, l'amour et la haine, avec un corps qui entre dans un lit de seulement 2 ou 3 mètres, et avec un estomac qui n'est capable d'absorber que 5 litres ou 10 livres d'aliments, est-ce vraiment le bonheur ?

Pour nous, guérir la maladie, ce n'est qu'une preuve de notre compréhension et assimilation, solide et claire, de tout l'Univers, de la grande âme, de l'Infini, de la respiration de Dieu.

L'ÉDUCATION DE LA VOLONTÉ

Les pages suivantes, éditées par G. Oʜsᴀᴡᴀ, peu avant sa mort, en 1966, constituent l'exposé de la Méthode d'Éducation qu'il s'est employé à parfaire sur plus de cinquante ans d'expérience.
Leur traduction du japonais est due encore à Clim Yᴏsʜɪᴍɪ.

Pʟᴀɴ ᴅᴜ ʀᴀᴘᴘᴏʀᴛ sᴜʀ ʟ'ᴇᴅᴜᴄᴀᴛɪᴏɴ ᴅᴇ ʟᴀ ᴠᴏʟᴏɴᴛᴇ

Éducation physiologique et biologique d'Extrême-Orient selon Yukikazu Sᴀᴋᴜʀᴀᴢᴀᴡᴀ

Ce rapport, dont le plan général suit, concerne une méthode d'éducation qui a été expérimentée non seulement au Japon, mais dans le monde entier, pendant 54 ans. C'est ici le condensé que j'en donne pour une fois. Les grands points en sont :

I. La base de toute éducation.

II. L'éducation de la volonté.

III. L'éducation dans la civilisation scientifique.

IV. L'éducation qui crée un monde nouveau : un monde de la Paix.

V. L'éducation par la dialectique pratique qui, seule, peut développer la logique formelle.

VI. Conclusion.

AVANT-PROPOS

L'éducation occidentale moderne est scientifique. Son jugement idéal est le jugement sensoriel de l'homme. Cette éducation est devenue technique, professionnelle et conformiste.

Son but était la conquête de la nature : le résultat de cette éducation est parfaitement réalisé dans le comportement d'un peuple de 180 millions d'individus. Cette nation procède à des bombardements aériens, cinquante ou soixante fois par jour, lance des gaz empoisonnés atroces, emploie journellement des armes chimiques modernes, les plus meurtrières qui soient jusqu'à nos jours et dépense plus de 10 milliards d'anciens francs par jour pour cela.

Ainsi parvient-elle à tuer plusieurs dizaines de Vietcongs qui, pauvrement, ne mangent que du riz complet et ne possèdent guère d'armement — mais aussi sont tués chaque jour plusieurs centaines de femmes et d'enfants innocents, pieds nus, misérables, pacifiques, dans ce petit pays distant de plus de 10.000 kilomètres de son agresseur.

Dès le début du XIXᵉ siècle, l'éducation occidentale s'est fondée sur l'idée que la science est la condition supérieure de la vie humaine.

Le grand rêve de la science, c'est qu'un jour, elle aura balayé de la terre ce qu'elle estime le plus grand des fléaux : la pauvreté (Dʳ Lapp : La matière).

Or, dès l'origine, il y a cinq mille ans, l'éducation extrême-orientale s'opposait complètement à celle de l'Occident. Elle enseignait qu'il faut s'amuser de la pauvreté et la considérer comme la pureté et la sainteté. Elle enseignait aussi qu'il faut considérer les difficultés et les souffrances avec gratitude, comme un secours ou un guide et disait qu'il suffit d'un simple toit pour s'abriter, d'une poignée de riz et d'un peu de légumes pour subsister.

Il fallait d'autre part considérer le froid et le chaud comme des maîtres qui nous fortifient, au lieu de les traiter comme ennemis. Il ne faut pas tuer les bêtes, à plus forte raison les bactéries. Elle enseignait encore qu'il faut s'adapter à tout et à tous, traiter les autres avec la brise de printemps et soi-même avec les gelées d'automne, pardonner aux autres, les respecter, aimer tout le monde, dans la conviction que tout est donné inépuisablement. On ne doit pas hésiter à donner sa vie, on doit se consacrer à la recherche de la Vérité, c'est-à-dire du Principe Universel et pratiquer, dans la vie quotidienne la Paix, la Pureté, le Respect de la Macrobiotique.

L'éducation en Extrême-Orient était profondément spirituelle et enseignait que l'adaptation à la nature est un chemin pour arriver au Jugement Suprême.

Plus tard, elle fut dégradée par des éducateurs conformistes et conceptuels, qui prônèrent un système prétendant enseigner aux semences et aux bourgeons à devenir immédiatement fleurs et fruits. Cette nouvelle éducation a produit un peuple-robot nationaliste, obéissant, imitateur, sans esprit d'indépendance. Elle a enseigné au jeune bourgeon de l'humanité à imiter l'idéal et la pratique des sages, ce qui est inaccessible même aux adultes.

C'est pourquoi, dès l'arrivée de la séduisante civilisation occidentale et scientifique, ce peuple est immédiatement devenu l'esclave, l'imitateur, le fidèle croyant de cette civilisation, non seulement matériellement, mais aussi spirituellement. Ainsi s'est-il comporté comme un peuple colonisé.

Depuis cent ans, le Japon a, d'enthousiasme, accepté

l'éducation occidentale et a mis toutes ses forces à devenir l'imitateur de la civilisation d'Occident, ce qui a eu pour résultat sa défaite totale sans précédent dans l'histoire de l'humanité. A l'école de l'Amérique, le plus grand Empire au monde de cette civilisation occidentale, on voit dans le Japon de nos jours une augmentation extraordinaire de la criminalité, des maladies mentales, des allergies, des maladies cardiaques, du cancer, des maladies iâtrogéniques, la perte de l'esprit critique, l'impossibilité de penser, les enfants attardés, inutiles.

Ainsi l'éducation d'Extrême-Orient, comme celle de l'Occident ont-elles fait de la Terre un grand avion en forme de sphère, qui vole à 10.000 km/heure, emportant 3 milliards d'individus vers la profondeur du malheur, de l'esclavage, de la guerre, des maladies, des souffrances, des incertitudes.

Voilà d'où vient la nécessité de découvrir une nouvelle méthode d'éducation physiologique et biologique.

I

LA BASE FONDAMENTALE DE TOUTE ÉDUCATION
L'ÉDUCATION DE LA VOLONTÉ

A l'âge de dix-sept ans, j'étais atteint de tuberculose grave, et abandonné par la médecine moderne, je me suis sauvé, aux portes de la mort, par la méthode Macrobiotique, vieille de 5.000 ans. Je voudrais communiquer à tous la joie que j'éprouve d'être arrivé enfin à l'âge de soixante-quatorze ans, au bout de mon travail qui, depuis l'âge de vingt ans et pendant cinquante ans, fut de répandre cette méthode dans le monde entier. Ce fut une éducation de moi-même en même temps qu'une éducation du public.

La médecine d'Extrême-Orient, achevée il y a 5.000 ans, n'était pas une médecine des symptômes, mais une méthode de guérison fondamentale qui agissait sur la cause naturelle. C'est pourquoi c'était une méthode de santé, de longévité, de bonheur. Elle ne visait pas à la disparition des symptômes, mais c'était une médecine éducative, qui avait pour but le développement du jugement de l'homme.

Cela est exposé dans la théorie originelle de l'éducation de la vieille médecine chinoise, dans les trois grandes disciplines impériales du Japon, dans le Code de Manu, dans la médecine Ayurvédique, dans les disciplines alimentaires de toutes les grandes religions de l'humanité, telles le Bouddhisme, le Jaïnisme, le Christianisme, etc...

Les cinq grandes religions de l'humanité sont nées en Orient. Elles sont le guide des conditions fondamentales, la synthèse de la théorie et de la pratique, l'attestation par sa propre vie, du monisme qui permet d'établir un monde de la Paix, de réaliser la vie heureuse que l'humanité désire. C'est pourquoi, il est bien évident qu'elles doivent contenir la méthode de la santé, la physiologie, la pathologie et la médecine. Mais la compréhension s'en est affaiblie au cours de plusieurs milliers d'années, pour enfin s'éclipser et disparaître dès l'importation de la civilisation moderne, dualiste, matérialiste, atomiste, technicienne, dont le jugement se fonde sur la brillante et séduisante apparence.

Le problème primordial pour l'homme, c'est l'établissement de la santé. C'est pourquoi il faut accorder la plus grande importance à l'éducation de la santé et à l'hygiène. Tous les êtres vivants savent contrôler leur propre santé, sauf l'homme. La médecine occidentale attache toute l'importance à la disparition du symptôme, elle ne cherche pas la cause et n'essaie jamais de remonter à la source de la vitalité. En conséquence, elle est devenue une simple technique particulière, elle est tombée dans le conformisme et l'esprit éducatif en a complètement disparu. C'est pourquoi, la médecine moderne végète dans une impasse, malgré ses progrès techniques formidables. Si l'on croyait jadis cette médecine omnipotente, de nos jours l'A.M.A. (l'Ordre des Médecins des U.S.A.) dictateur de l'Amérique que même le Président Kennedy ne pouvait contrôler, a dû reconnaître sa défaite totale devant ces quatre maladies : le cancer, les malades cardiaques, mentales et allergiques, qui sont cause de 70 à 80 % de la mortalité en Amérique.

Mais la réalité est pire, car non seulement les médecins sont incapables de guérir ces quatre grandes maladies, mais ils ne font que reculer la mort des gens qui souffrent de maladies générales, que les entretenir comme malades, puisqu'ils ne peuvent pas plus guérir le rhume, que les rhumatismes, ou le diabète, ou l'eczéma, ou n'importe quelle autre maladie chronique. Comme l'a dit Claude Bernard « La vraie médecine n'existe pas encore » ou comme Bergson l'a vu : « La plus grande faute de la science est l'ignorance de la vie ». C'est aussi le Dr René Allendy qui a déclaré : « Pasteur, dont la gloire dépasse celle de Napoléon a, en réalité, affaibli l'humanité en détruisant le système de la sélection naturelle et entaché l'histoire de la médecine française et de la France ».

*
**

En Extrême-Orient, l'éducation ancienne était avant tout une voie de l'indépendance ; l'étude sur soi, physiologique et biologique et son but était d'amener à une voie libre et pacifique par l'établissement de la santé par soi-même, pour soi et sous son propre contrôle.

Les Orientaux n'ont fait qu'un seul chemin de l'éducation et de la médecine.

Grâce à la mort de trois de mes proches les plus chers, lorsque j'avais dix ans, j'ai tenté de découvrir la véritable cause de ce malheur absurde, et par chance, je l'ai trouvée. Or, dès que j'ai commencé de diffuser cette méthode de la vie pratique, immédiatement j'ai rencontré le deuxième grand problème de ma vie : la volonté.

Marx a découvert que tous les maux de la Société avaient pour origine une mauvaise distribution des aliments et de la boisson et il a voulu enseigner l'établissement d'un système correct par la révolution. A peine soixante ans après sa mort, cette idée est devenue le guide de la plus grande partie de la population mondiale, mais on voit que les maux de la société n'ont toujours pas diminué, bien au contraire : ils s'aggravent sans cesse, ils prennent un aspect horrible, ils atteignent une plus grande échelle et toute l'humanité tremble d'incertitude et vit dans la peur de la guerre future. La santé, la liberté, la paix et le bonheur individuels sont toujours menacés. Les hôpitaux et les cliniques psychiatriques deviennent des établissements essentiels à la vie des cités comme autrefois les temples et les écoles. Les progrès de la médecine et des organismes médicaux sont l'indice de l'accroissement de la maladie et des souffrances ; le renforcement des polices indique l'augmentation de la criminalité. C'est-à-dire que, bien que la théorie de Marx ait merveilleusement changé la structure des Sociétés, elle a oublié la spiritualité de l'homme, la conception de l'Univers et sa Volonté, c'est-à-dire tout ce qui est essentiel.

Si l'on pratique la Macrobiotique, toutes les maladies

incurables sont effacées et toutes les incertitudes disparaissent d'un seul coup. Les quatre fléaux physiologiques et biologiques selon le Bouddhisme : la vie, la maladie, le vieillissement, la mort, sont des problèmes résolus. Les jeunes étudiants s'amuseront dans leurs études, les adultes réussiront dans leur travail, tous deviendront de plus en plus heureux chaque jour, la vie familiale sera agréable et toute la vie prendra de plus en plus d'intérêt. Si l'on vit correctement selon la Macrobiotique, tout ira bien, et la Paix mondiale se réalisera rapidement. Mais la difficulté, c'est que la plupart des gens, surtout les malades, n'ont pas la volonté de se tenir à cette vie macrobiotique si simple. Ils manquent tellement de volonté qu'ils préfèrent subir la maladie et la pauvreté, et sont poussés au crime. Il faut donc que l'éducation spirituelle, l'éducation de la volonté précède la reconstruction de la Société. Même après que cette révolution sera faite, si l'on néglige l'éducation de la volonté, on aboutira à la production de conformistes salariés asservis à leurs machines, d'une race dépendante, qui passe ses loisirs à jouer aux machines à sous, qui reste passive, observateur-robot, et vit aveuglément. Ainsi, à l'esprit créatif, se substitue l'esprit d'imitation, parce que ceux qui se créent eux-mêmes ainsi que leur propre destin sont trop peu nombreux.

La base fondamentale de l'éducation est :

1) L'autocontrôle de la santé ;

2) L'établissement de la volonté ;

La première condition est résolue en appliquant la méthode macrobiotique. Mais par quelle méthode éducative peut-on fortifier la volonté ? Cette deuxième condition est le grand problème.

II

L'ÉDUCATION DE LA VOLONTÉ

« Vouloir, c'est pouvoir » dit un proverbe français.

« Une pensée claire conduit à la sainteté » dit un proverbe chinois.

Toujours, tous les grands hommes, les hommes libres, les sages ont proclamé l'importance de la volonté. Nul ne la nie, tout le monde est d'accord là-dessus. Néanmoins, la plupart des gens échouent dans son application à la vie quotidienne. Ils s'efforcent toute leur vie de bien faire, avec une grande volonté, de sorte que parfois on en voit qui réussissent, mais la plupart terminent leur vie tragiquement, par la rencontre d'un grand malheur et n'ont eu que « la gloire du liseron ».

Quelles sont les raisons de cela ? Y a-t-il plusieurs sortes ou étapes de la volonté ? Qu'est-ce que la volonté ? Faut-il d'autres conditions que la seule volonté pour changer le destin de l'homme ?

La science garde un silence absolu sur ces questions. C'est normal. Dans la conception des études occidentales, plutôt techniques on a pris originellement pour but la recherche du monde relatif limité, éphémère et physique, en résumé matérialiste.

Je pose la question à la pensée d'Extrême-Orient, qui a cherché principalement le monde infini, absolu, éternel, constant, métaphysique, c'est-à-dire le monde spirituel. La réponse est la suivante :

1) La volonté est la forme progressive du jugement.

2) Il y a sept étapes du jugement :

1) mécanique, aveugle,
2) sensoriel,
3) sentimental,
4) intellectuel,
5) social,
6) idéologique,
7) suprême.

3) Il y a donc 7 étapes de la volonté.

4) Les 7 étapes du jugement et de la volonté sont un processus naturel du développement de la vie :

1) semence,
2) bourgeon,
3) tronc,
4) branches,
5) feuilles,
6) fleurs,
7) fruits.

C'est-à-dire que le Jugement ou la Volonté sont la vitalité elle-même. Toutefois, les six premières étapes n'ont de valeur que dans le monde relatif, limité. La 7e seule est valable dans le monde absolu, donc aussi dans le monde relatif.

5) La vitalité ou principe de développement dans la nature et le principe de l'univers, sont le même.

6) La vitalité grandit par la sympathie mutuelle des deux éléments Yin et Yang : obscurité/lumière, humidité/sécheresse, dilatation/compression, force centrifuge/force centripète, etc...

7) La plus grande mission de l'éducation est de faire connaître le visage original de la vitalité, dans les vues les plus larges, c'est-à-dire : la Volonté (expansion infinie). Quand elle est puissante, elle fait l'homme qui a la santé

absolue, qui peut « agir sans agir », « convaincre sans parler », « ordonner à la montagne d'entrer dans la mer », « vaincre sans lutter », « gouverner les forts avec la faiblesse », « transmuter l'impossible en possible », « accepter les difficultés avec joie ».

Méthode d'éducation de la volonté.

Puisque la volonté se développe naturellement et librement à travers 7 étapes, une éducation artificielle et extérieure est inutile. Bien que les animaux n'aillent pas à l'école, ils se développent d'une façon saine et parfaite. Ils mènent une vie libre et pacifique, sans maladies, sans luttes, sans soucis, sans pauvreté, sans belles robes ni nourritures recherchées, sans plaisirs scandaleux, sans guerres comme le font les hommes. Les végétaux et les microbes sont tout à fait semblables aux animaux. Même une petite semence qui n'a ni force, ni armes, accepte les conditions de l'obscurité, de la pression, du froid, de l'humidité souterraine. Elle pousse, elle bourgeonne, en les utilisant comme sources d'énergie ou comme points d'appui. Elle est foulée, mangée par les bêtes ou les vers, et à chaque difficulté elle se fortifie et se développe de plus en plus. Ainsi l'homme peut mener une vie libre et pacifique, s'il l'accepte, suivant le même processus qu'une graine. Mais au contraire, s'il recherche la facilité artificiellement, la commodité, le plaisir, les aides, la richesse, la sécurité, la sentimentalité facile, ou s'il a une conception épicurienne de la vie — au sens courant et dégradé du mot — il affaiblit sa vitalité naturelle.

Il est donc suffisant que l'éducation donne l'occasion et les chances de connaître l'origine biologique naturelle, autrement dit, qu'elle enseigne le chemin qui vise au but le plus haut : WA — La Paix — que l'homme a découvert au cours d'un million d'années. Ce chemin consiste

à n'employer que des aliments corrects, à bien les com-
biner, à bien les cuisiner, à savoir les manger. A la suite
de quoi on découvrira tout seul et on maîtrisera toutes
les connaissances fondamentales nécessaires à la vie
sociale de l'homme, puisque le jugement suivra le processus de son développement naturel. Ceux qui, malheureusement, n'ont pas reçu cette éducation, sont les victimes de la sélection naturelle et ne goûteront que tardi-
vement la souffrance et la difficulté du monde, l'obscurité de la semence et du bourgeon. Entre temps, quelques-
uns tomberont dans le découragement et deviendront de
plus en plus malheureux, criminels, esclaves et malades.
Les malheureux, les esclaves sont le lourd fardeau de la
société civilisée, et ils peuvent devenir la cause de la
guerre. La responsabilité de ces malheurs, revient au bas
jugement des parents et des éducateurs. Toutefois, ces
difficultés et ces souffrances, fabriquées par le bas jugement, sont les pierres de touche indispensables à ceux
qui ont le jugement suprême, sain et normal, puisque
ces maux sociaux seuls peuvent transmuter le jugement
en volonté.

III

L'ÉDUCATION DANS LE MONDE
DE LA CIVILISATION SCIENTIFIQUE

J'ai passé plus de vingt ans à observer l'éducation des
divers pays d'Amérique et d'Occident, sur les cinquante-
quatre ans que j'ai consacrés à la macrobiotique, depuis
l'âge de vingt ans. Il est évident que leur éducation est
fondée sur la connaissance scientifique qui a construit

leur civilisation. La plupart des enseignements sont techniques, afin de constituer une adaptation à la vie. Cela veut dire que c'est une éducation matérialiste, adaptée au monde physique, qui est un demi-monisme.

D'origine, la science est une étude physique qui poursuit les recherches d'Épicure et de Démocrite, limitées au seul monde visible. Évidemment, on y trouve des systèmes d'éducation fondés sur la philosophie, la religion, la morale et les idées, mais ce ne sont que des accessoires du monde royal de la physique. Avant la Renaissance, l'éducation était plutôt croyante, mystique, superstitieuse, mais considérée comme non réaliste, cette façon de voir a été formellement écartée de l'éducation qui s'est ensuite généralisée. Par conséquent cette dernière ne s'occupe pas de la métaphysique, n'étudie pas la spiritualité, la Santé, la Beauté, l'Art. Elle ne les admet que techniquement traités. Ainsi, l'éducation moderne reste impuissante devant les effets de l'augmentation d'une jeunesse malfaisante, et du cancer qui est la cause de 30 % des morts parmi les écoliers de Tokio, et de l'apparition de diabétiques âgés de 12 ans. Elle ne sait également que rester les bras croisés devant les guerres et les massacres et de même devant la situation de l'Amérique où une personne sur dix est frappée de maladie mentale au moins une fois dans sa vie. Ni Bertrand Russell, ni Schweitzer, ni Toynbee, ni le Pape, ni Sartre, ni aucun politicien ne peuvent trouver une méthode qui arrête cette agression misérable, inhumaine, sans pareille dans l'Histoire.

Les premiers articles des journaux des pays civilisés parlent, le matin et le soir, de crimes, de malheurs, d'accidents. Ils n'exposent ainsi que la partie visible du grand iceberg du crime et de l'incapacité de l'éducation moderne. La preuve en est que tout cela ne se trouve jamais ou presque dans les pays qui n'ont pas fait une grande diffusion de cette prétendue éducation. Plus développées sont la civilisation et l'éducation plus il y a de maladies, de malheurs et de crimes habiles et atroces. Les armes les plus modernes, qui sont les plus grandes inventions de la science, ont rendu possibles les grands massacres et les destructions comme il n'en fut jamais dans l'histoire de l'humanité. Les massacres d'Auschwitz et les bombes atomiques d'Hiroshima et de Nagasaki n'ont été que des préludes. Ces bombes de 200 millions de Yen (300 millions d'anciens francs) chacune, fabriquées par le scientifique Oppenheimer, ont tué 314.000 personnes sur le champ dans ces deux villes et, depuis vingt ans, elles continuent de tuer lentement les survivants des bombes.

Néanmoins, le Vietnam est sous un bombardement qui coûte plus de 10 milliards d'A.F. par jour ! Cet état de l'actualité au Vietnam a ému et animé les jeunes Japonais cultivés, qui ont formé le comité de « La Paix au Vietnam », lequel est alimenté et soutenu par des dizaines de milliers d'étudiants, par des Bouddhistes, des Chrétiens, des Shintoïstes, et même par des politiciens. Leur action a suffisamment influencé le « New York Times » pour qu'il fasse un appel comme « Can bombs bring peace to Vietnam ? ». Cependant qu'à présent, la bombe H est capable de massacrer 100 millions de personnes en une explosion et peut effacer de la Terre, d'un coup, des pays comme l'Angleterre, la France, le Japon ! Cent mille de ces bombes H sont prêtes, dont la capacité totale de destruction représente un massacre de soixante-quinze fois l'humanité et la disparition de toutes les civilisations humaines.

L'histoire mondiale contemporaine a commencé par la « Compagnie des Indes », les chasses à l'esclave en Afrique, et les débarquements à Goa et à Hong-Kong, et leur occupation. Le partage et la colonisation des pays de toutes les races colorées par les Blancs a complètement fait disparaître les paradis sur la Terre, qui avaient été découverts par Kipling, Stevenson, ou les marins révoltés de la « Bounty ». C'est-à-dire que les Occidentaux et les « civilisés » ont perpétré des scènes de massacre et de destruction dans le monde entier, et mènent à sa fin toute l'humanité, cependant qu'ils se croyaient capables de pouvoir établir un monde plus beau et plus heureux. C'est le plus clair résultat actuel de la civilisation scientifique et de l'éducation qu'elle a instaurée.

Il faut dire qu'il est quelques rares personnes parmi les Occidentaux qui ont eu la capacité de se critiquer et ont prévu la fin de l'humanité : Schupengrae, E. Carpenter, A. Carrel, etc... ont crié et prophétisé la tragédie de l'avenir et de la fin de la civilisation occidentale, de son éducation dans les œuvres comme « La faillite de la science occidentale », « la maladie nommée civilisation », « L'homme cet inconnu »...

Dernièrement, W. Heitler, directeur actuel de l'Institut de Physique théorique de Zurich — comme Einstein, il avait fui l'Allemagne nazie et s'était réfugié en territoire libre — a écrit et publié un livre sous le titre « L'homme et la science ». Courageusement, ce savant de la physique moderne insiste sur la nécessité de prévenir la fin de toute l'humanité, qui sera la plus grande tragédie de l'Histoire produite par la science et l'éducation contemporaines.

On peut faire comme suit le résumé de son livre :

— La civilisation scientifique, après des progrès extraordinaires, aboutit à la folie spirituelle. Pour sauver le monde de cette misère sans pareille sur la Terre et prévenir la ruine qui s'approche de toute l'humanité, on doit, avant tout, sauver de la folie et de la psychose cette science et cette civilisation. La civilisation scientifique s'est trompée dès le départ. Sa recherche n'avait qu'un but : l'occupation et la dictature dans le monde visible, le monde physique de la matière, des particules élémentaires, etc... On a oublié qu'il y avait la spiritualité infinie et l'espace universel, en dehors du monde des particules limitées et éphémères. Or, ce qui est le plus précieux pour l'humanité, c'est ce monde invisible, le monde de la spiritualité. Immédiatement dès maintenant, nous devons arrêter toute recherche physique et commencer de toutes nos forces la recherche dialectique du monde métaphysique, le monde de la civilisation spirituelle, de l'Ordre de l'Univers infini !!!

Voici. La direction est donnée. La direction de la méthode qui sauvera la génération contemporaine, toute l'humanité, toute la civilisation et la science.

Toutefois, la recherche de la métaphysique, de la spiritualité, de la Volonté, du Jugement suprême, du Bonheur, de la Justice, de la Paix, et de la Liberté, de la Vie infinie, était la spécialité des penseurs ou sages d'Extrême-Orient, depuis 5.000 ans. C'est là qu'ont pris naissance les cinq grandes religions de l'homme, mais ces religions sont devenues des momies trop anciennes. Nous abandonnons tout cela complètement, et faisons une nouvelle édition du monde. Elle n'est ni physique, ni métaphysique, elle est physique et métaphysique à la fois. Elle doit fournir la méthode la plus simple et la plus pratique, qui soit comprise par tous immédiatement et applicable dans la vie quotidienne des races blanches comme des races de couleur.

C'est la nouvelle éducation physiologique et biologique pratique. Son instrument unique est la dialectique pratique : une algèbre amusante qui résout n'importe quel problème difficile, en employant Yin et Yang comme inconnues. Même des enfants la comprennent en une heure.

Pendant cinquante-quatre ans, je l'ai étudiée, je l'ai pratiquée dans la vie quotidienne et j'ai fait plusieurs milliers de pratiquants dans tous les coins du monde entier. J'ai confirmé cette dialectique — autrement dit « les lunettes magiques » — par ma propre pratique, suffisamment, et me suis affermi dans ma conviction par la confirmation que m'ont également donnée des milliers de personnes du monde scientifique de la race blanche, après l'avoir pratiquée comme moi. Je confie la suite aux jeunes gens et aujourd'hui, à l'âge de 74 ans, je suis calme et libre, pour la première fois dans ma vie. Je reçois chaque jour des lettres de reconnaissance, mouillées de larmes, de personnes inconnues, de pays inconnus, du monde entier.

IV

L'ÉDUCATION QUI CRÉE UN MONDE NOUVEAU : LE MONDE DE LA PAIX

L'humanité a maintenant terminé le premier chapitre de son histoire qui, partant du commencement de l'Univers jusqu'à la fin de la civilisation scientifique, comprend plusieurs milliards d'années.

Sa dernière page a été conforme à la prédiction de l'Apocalypse, dont toutes les prédictions se sont réalisées, dans l'ordre, depuis que le premier ange sonna de la trompette, jusqu'au septième. C'est maintenant l'avènement du monde nouveau. Le deuxième chapitre commence.

Un monde nouveau commence par une nouvelle genèse.

L'humanité de la première création (celle de la Genèse) s'efforçait de s'adapter aux conditions offertes par la nature et de créer une vie libre et pacifique, comme le faisaient les bêtes : poissons, insectes, oiseaux. Toutefois, l'homme est né avec un cerveau « pensif », ce qui le différencie de tous les autres êtres vivants. Pourquoi seulement l'homme a-t-il ce cerveau qui pense ? C'est une question importante et intéressante, mais je ne l'évoquerai pas ici.

A cause de ce don de penser, le monde de riposte de l'homme aux offres de la nature suit deux processus antagonistes de l'adaptation et du développement. L'un est l'adaptation harmonieuse, l'autre est la conquête de la nature.

Le premier commence par la surprise innocente et, traversant le mystère, se termine par la découverte de l'Ordre de l'Univers. Il aboutira enfin au monde de la Paix, de la gratitude infinie (ON) de l'identification universelle.

Le dernier commence par la peur plutôt que par la surprise et prend le chemin de la destruction, de la tuerie, de la conquête par la violence à travers la haine.

Ce parallèle entre la voie d'Extrême-Orient (le premier processus) et celle de l'Occident (le second) est très intéressant, car les deux, à cause du bas jugement dominant, ont également et normalement produit mensonges, illusions, fantaisies, égarements, haine et rancune, dont le partage entre l'Est et l'Ouest forme un antagonisme extraordinaire ! Enfin, le temps est venu pour l'Est et l'Ouest de se rencontrer. L'Occident, dont le but est la conquête, est venu conquérir par la violence l'Extrême-Orient, qui considère l'adaptabilité comme le chemin supérieur. Ces conquérants agressifs en sont arrivés à la collision mutuelle, au sujet de leur profit, devant la belle proie qu'est l'Extrême-Orient. C'est ainsi qu'à présent, l'ultime scène de la fin misérable de l'humanité se manifeste selon la prophétie de l'Apocalypse !

Or, c'est le temps du recommencement, où tout doit être refait. L'histoire de l'humanité en est la première ligne de la première page du deuxième volume.

Rétablissons un monde nouveau de nos propres mains : le moyen en est d'abord l'éducation. Cette éducation établit avant tout la santé par sa méthode physiologique et biologique. C'est la scène où paraît la « Volonté » : » Une âme saine dans un corps sain ».

L'éducation qui produira le monde nouveau, un monde libre et pacifique, commence d'abord par la création de l'homme sain. C'est une éducation purement physiologique et biologique, c'est la réapparition et reproduction, physiologiquement et biologiquement du processus total de l'évolution de trois milliards d'années. Le produit de l'ovule et du spermatozoïde, après la fécondation, se développe à peu près trois milliards de fois en 280 jours. Ensuite le bébé ne croîtra que de vingt fois ce qu'il est en 20 ans. Donc, ces trois milliards d'années, constituent un processus condensé d'une importance primordiale dans la création de l'homme. Je crois qu'il serait très commode de compter cette période de trois milliards d'années comme l'unité biologique de l'évolution humaine, comme une génération de la Vie ou, autrement dit, une « année biologique ».

« Vous êtes ce que vous mangez », a dit le Français Brillat-Savarin. Pendant mon étude pour approfondir la médecine d'Extrême-Orient, et pendant mon activité de 54 ans pour la diffuser, je me suis de plus en plus profondément et entièrement convaincu de la vérité de cette parole, et j'en suis arrivé à cette conclusion : si la nourriture est juste, l'homme est juste.

Évidemment, je n'avais aucun moyen de connaître ce qu'était la nourriture correcte sur tout le déroulement du processus d'évolution durant trois milliards d'années sur la Terre. Toutefois parmi les gens qui ont pratiqué avec moi la Macrobiotique qui les a guéris, et par laquelle ils ont rétabli leur santé, les miracles se sont produits, l'un après l'autre. Ils ont eu des enfants merveilleux. Même des femmes qui n'avaient jamais pu avoir de bébé ont donné naissance à des garçons ou des filles, selon leur désir. Les accouchements ont été sans peine et très rapides. Les enfants sont en parfaite santé, particulièrement faciles à élever, n'attrapant jamais de rhume. Tout le monde s'est écrié de surprise en les voyant. Ainsi avais-je découvert, sans maître, le principe de l'embryologie.

Voici des exemples :

1) Le pasteur du Centre protestant qui se trouve sur la rivière Ogoué, à 2 km en amont de l'hôpital Schweitzer dans la jungle africaine, M. Mayer et sa femme, avaient trois jeunes fillettes (5, 3 et 1 an). Toutes les trois étaient si malades que les parents étaient fort inquiets. Ils devaient consulter le médecin qui se trouve au bord de la mer, distant de plusieurs centaines de kilomètres de chez eux. La nourriture n'était composée que de conserves venant de France. Nous sommes restés chez eux durant trois mois et, dans ce laps de temps, les enfants comme les parents ont recouvré la santé. Ce fut une joie de voir courir dans la jungle d'Afrique ces trois enfants heureuses, en kimono japonais !

2) Il y a peu de temps, un voyageur japonais qui logeait à l'hôtel dans un village d'Allemagne proche de Schwartzard eut connaissance qu'il y avait un enfant japonais dans le village. Par curiosité, il s'enquit de la famille et lui rendit visite :

— Voilà, c'est l'enfant japonais !

— Qui est le père japonais de cet enfant ? Où est-il ?

— Son nom est Ohsawa ; il est aux États-Unis en ce moment. Il voyage dans le monde entier chaque année. Cet enfant est à moi. Après une longue stérilité, j'ai pu l'avoir, en pratiquant la macrobiotique selon les livres de G. Ohsawa. C'est donc un enfant du riz, l'enfant Ohsawa. Regardez, il est tout à fait japonais, n'est-ce pas ?

Le voyageur fut tout à fait stupéfait. Comme la mère le disait, cet enfant n'avait pas l'air allemand, mais extrême-oriental.

Il y a plus de cent vingt enfants de ce genre en Europe et aux États-Unis, les enfants Ohsawa, qui sont nés grâce à la macrobiotique. La plupart d'entre eux ont des visages orientaux, quelques-uns ont les traits tout à fait japonais ! Voici la clé qui résout le secret de l'hérédité et de la physionomie.

La particularité commune aux enfants nés par la macrobiotique est premièrement la santé absolue ; ensuite, ils sont plus sages et plus intelligents que d'autres, frères ou sœurs. C'est pourquoi Lima et moi sommes acceptés partout comme leurs grand-père et grand-mère.

La nourriture des femmes enceintes : je ne connais rien de plus important pour une vie humaine et pour la société que la nourriture de la mère pendant l'époque embryonnaire humaine. C'est le temps de la construction fondamentale de la vie de l'homme. C'est l'époque où se confesse le processus de l'évolution de trois milliards d'années ! Je ne vois rien qui ait une plus grande influence sur la vie humaine que cette nourriture de l'époque embryonnaire (Référence à ce propos de la macrobiotique de l'époque de la grossesse : « Le livre de la vie macrobiotique » et « La nouvelle méthode macrobiotique »).

Voilà ce qui est à dire en ce qui concerne l'éducation fondamentale de l'homme à l'époque embryonnaire.

L'éducation physiologique et biologique dans l'enfance et la jeunesse est des plus importantes après celle de l'embryon. Si l'on donne dès cet âge la nourriture macrobiotique, on fera des garçons et des filles qui rempliront les 7 conditions de la santé. Or, qui atteint ces conditions réalise, par soi-même et pour soi, une vie heureuse. Il devient homme indépendant, qui étudie par soi-même. Une telle personne ne pourra qu'établir une famille heureuse. Elle se consacrera à la constitution d'une société et d'un pays heureux et sain. S'il se trouve une telle personne sur 10.000, ce qui fait 10.000 pour 100 millions, leur pays deviendra le pays de la liberté et de la paix. S'il se trouve dix de ces États au monde, la Paix sur la Terre sera gardée pour toujours et l'on aura vu disparaître les atrocités, la tuerie massive, la guerre barbare qui n'existe pas même chez les animaux.

Si c'est la Paix — c'est-à-dire le monde d'où l'assassinat massif aurait disparu — que toute l'humanité désire, alors il n'y a pas d'autre éducation ni méthode plus simple pour la réaliser.

Par des conférences et des écrits, partout, dans le monde entier, j'ai publié cette méthode éducative physiologique et biologique, pendant 54 ans. Et j'ai obtenu la confirmation plus que suffisante de son efficacité ; les exemples en sont innombrables ; ils ont été publiés dans les anciennes revues et les livres. Toutefois, en voici quelques-uns :

1) M. William Dufty, 50 ans, Américain, titulaire des plus hautes décorations d'Angleterre, de France et de Suisse, ancien Officier d'Aviation, hospitalisé pendant plus de dix ans après la seconde guerre mondiale, ne savait plus que faire de son corps, qui était comme un

cadavre vivant, de 80 kgs. Il a commencé à pratiquer la macrobiotique en suivant les indications de mes livres il y a deux ans. Il s'est trouvé rajeuni de 20 ans, perdant 37 kilos en 6 mois. Par reconnaissance, il a décidé de consacrer sa vie à la macrobiotique. Il a écrit et publié « You are all sampaku », qui lui demanda un an de travail, mais lui a valu une belle réputation. Il a déclaré qu'il traduira désormais toutes mes œuvres pour les présenter en Occident.

2) Philippe Fagan, 28 ans, Américain du Texas, qui était très impatient, bagarreur, couvert de traces de blessures, est arrivé au Japon pour apprendre la macrobiotique, le Principe de la Paix. Il a commencé le n° 7 (du riz complet exclusivement) au mois d'octobre dernier (1965). Il est aussitôt devenu un beau garçon, doux, calme, gentil comme un petit chat adopté. Il déclare qu'il continuera le N° 7 macrobiotique pendant 10 ans — c'est le cinquième mois à présent — pour réparer l'effet de sa mauvaise alimentation pendant 27 ans. Il déjeune tous les jours chez moi. Par reconnaissance, il fait les réponses aux lettres anglaises, parmi toutes celles, nombreuses, qui arrivent chaque jour d'outre mer. Du temple de Dô Oun, faisant 4 km à pied, il nous apporte tous les jours 30 litres d'eau de puits naturel, pour la nourriture d'une vingtaine de personnes.

3) Mme Legaye, de Bruxelles, souffrait de maladies chroniques dont un cancer, depuis 26 ans. Guérie en une semaine de macrobiotique, il y a dix ans, et rajeunie de 20 ans, elle me suit partout depuis lors. Elle est déjà venue deux fois au Japon avec moi et y est restée plus d'un an. De son hôtel, elle vient chaque jour dîner avec moi, payant 3.000 Yen de taxi. Elle dit que c'est le seul plaisir de sa vie de partager mes repas, quoique nous ne puissions guère parler tranquillement, car il y a toujours

une vingtaine de visiteurs à dîner. Elle m'a offert un million, il y a dix ans, et depuis 10 millions en dix ans.

4) Mlle Cuilitz, de Bruxelles, après avoir trouvé une nouvelle conception de la vie par la macrobiotique, m'a offert villa et appartements qui valent 20 millions de Yen.

5) Une fille américaine, Mlle Pletersky, de New York, sauvée d'une misérable mort par la macrobiotique, épargnait depuis deux ans l'argent nécessaire pour le pèlerinage au Japon, mais elle a offert cet argent aux Vietnamiens macrobiotiques ; c'est un exemple vivant de la transmutation de la conception de la vie.

6) Mme Teal Ames, une actrice américaine a abandonné son travail qui lui faisait gagner 200 mille Yen par mois, pour consacrer toute sa fortune, et elle-même, à l'établissement de l'usine macrobiotique : Chico San Incorporated en Amérique. Elle travaillait à la fabrication du pain complet macrobiotique dans cette usine, tout à fait comme Cendrillon (si bien qu'un prince apparut et l'enleva dans son carrosse de potiron !).

7) Il y a 5 ans, juste avant les événements de Cuba, les journaux de tous les États ont publié journellement des nouvelles du « Nouvel Exode d'Égypte » ; trente-quatre membres macrobiotiques de New York se déplaçaient en voiture, traversant le continent d'Amérique jusqu'en Californie, par les déserts, les montagnes rocheuses, les plateaux enneignés. Le Moïse qui conduisait cette nouvelle migration était un Japonais : G. Ohsawa !

8) « L'assassinat par le Zen » : le front macrobiotique, qui avait couvert tous les États-Unis comme une inondation, a dû faire face à la plus violente contre-attaque (nov. 1965).

Mme Simon, 24 ans, une jeune artiste américaine, innocente comme un ange ou comme un enfant, fut l'une parmi des centaines de milliers, des Américaines qui se jetèrent avec fureur dans la macrobiotique. Les belles lettres qu'elle m'a écrites, pour la première fois juste avant sa mort, nous renseignent vivement sur son caractère.

Au début de février 1965, elle commença la macrobiotique, avec son mari, et en une semaine ils se sont miraculeusement sauvés de maladies terribles, inguérissables, causées par la mauvaise alimentation et les stupéfiants qu'ils pratiquaient depuis 10 ans ; pour Mme Simon : névrose, allergie, maladie cardiaque ; pour son mari : dépression mentale, tuberculose, calculs des reins narcose. Par la suite, ils ajoutèrent des diététiques diverses à la macrobiotique. Ainsi est-elle morte en octobre ! Il est très connu que souvent, ce type de femme-enfant, innocente et pure comme une perle blanche, manque d'auto-réflexion et termine tragiquement sa vie. Son père était président de l'association des avocats. Il fit contre la « Macrobiotique du Soleil Levant » une campagne massive, dans la presse, les magazines, à la radio. La vente de mes livres fut interdite, le mouvement macrobiotique condamné et M. Dufty de « You are all sampaku » accusé ainsi que son éditeur, et Mlle Irma Paule, la Secrétaire générale de l'Institut OHSAWA. Ce fut un coup redoutable pour le mouvement en Amérique. Il n'est pas de T.V., radio, journal, magazine où il n'en fut parlé. Mais à cause de cet événement, le nombre de macrobiotiques a, au contraire, augmenté.

Mme Simon était une femme innocente et fidèle et très aimée. Mais avec sa simplicité et son honnêteté, elle manquait de jugement et de pensée profonde, comme tous les Américains. Fatalement, elle fut conduite à cette fin tragique parce qu'elle n'avait aucune compréhension de la théorie, bien qu'elle fut si enthousiaste de la pratique.

Son cas démontre que la philosophie sans technique est inutile, la technique sans la philosophie est dangereuse.

Quand on introduit une nouvelle idée ou théorie, le danger d'accidents de ce genre est inévitable. La théorie sans pratique, la philosophie sans technique sont inutiles. La technique et la science sans théorie ni philosophie sont dangereuses. Il en va de même de ma médecine, de l'éducation, de la politique, de l'industrie, de l'agriculture, s'il n'y a pas de principe — ce qui veut dire de Principe Premier : La Grande Justice, le Principe de la vie (la santé, la beauté, le bonheur, la liberté, la justice) pour tout dire « l'Ordre de l'Univers infini ». Il est incroyable mais vrai que la médecine moderne ignore la vie ! La politique n'a d'autre but que le monopole du droit, le profit de la violence. L'industrie, le commerce, l'agriculture se trompent en considérant comme principe le profit. Il est surtout impardonnable que l'agriculture, dont la raison d'être est la production des nourritures de la vie, ait comme but le profit, et l'augmentation incessante des rendements.

La première constitution du Japon signifie formellement que l'agriculture est la base de la politique et l'une des trois règles sacrées de la formation du Japon établit l'Ordre national de l'agriculture selon la vie macrobiotique.

V

L'ÉDUCATION DE LA DIALECTIQUE
développant la logique formelle
L'ORDRE DE L'UNIVERS

Sous son aspect spirituel, la civilisation occidentale s'est introduite en Extrême-Orient il y a plus de quatre cents ans avec St-François Xavier. Mais les premières flèches de la déclaration de guerre avaient été déjà tirées, lors des incursions intéressées de Marco-Polo et Magellan. Cependant ce n'est que depuis un peu plus de cent ans que les pays d'Extrême-Orient sont devenus colonies de la civilisation occidentale. Pour le Japon, il n'a été colonisé spirituellement que depuis environ cent ans, exceptionnellement tard, mais dès son ouverture à l'étranger, il s'est jeté d'emblée dans la civilisation de l'Occident.

Au début, cela s'est fait par suite de la nécessité militaire, mais ensuite le Japon s'est efforcé d'importer les techniques puis il prit à cœur d'assimiler la science et le savoir académique. Aujourd'hui, il se tient au même niveau que l'Occident et l'Amérique pour la production industrielle des navires, caméras, montres, appareils de radio et pour les textiles, étant donné que les techniques sont infiniment plus faciles à imiter et à comprendre que les théories. Cependant il n'y a pas d'importation extraordinaire dans le domaine spirituel et théorique pur, pour la raison qu'il n'y a pas *grand chose de considérable dans ce domaine en Occident.*

Les théories que le Japon a importées d'Occident sont contradictoires, techniques, hypothétiques et relatives, utilitaires, statistiques, probabilitaires, mécanicistes, conventionnelles, comme le sont la « religion », la démocratie et le principe majoritaire, la théorie de l'évolution, la théorie du bonheur du plus grand nombre, la logique formelle, la théorie de l'égalité des sexes, le malthusianisme, la théorie du contrat social et du droit populaire, le socialisme, le communisme, l'automatisation, etc...

Les Japonais n'ont fait que les ingurgiter, éblouis par la commodité de la science et de la technique. Tous ces systèmes théoriques sont des produits des techniques, qui elles-mêmes ne s'apparentent à aucune théorie fon-

damentale, ni à aucun principe premier, ni aucune loi
véritable.

Ce qu'on appelle PRINCIPE ou LOI en Extrême-Orient,
c'est la vérité éternelle et inchangeable, autrement dit
c'est la LOI des Lois, ou l'UN ou la LOI du GRAND UNIVERS,
ou encore la VOIE, la grande VIE de DIEU, la JUSTICE. Cette
idée moniste n'existe pas en Occident. Aussi y a-t-on dû
inventer beaucoup de théories diverses pour remplacer
l'Unité ou la Voie, ou la Grande Justice. Ces théories
occidentales devront être réduites au monisme, tôt ou
tard. Toutefois les Occidentaux qui ne connaissent que
l'idée de la dualité depuis Thalès, Héraclite, Démocrite,
Épicure et ne peuvent pas accéder au monisme. Le monde
du dualisme est un monde d'antagonismes et d'oppositions. C'est pourquoi dans toutes les situations sociales
et quelles que soient les conditions, l'hostilité, l'opposition,
la lutte et la guerre ne cessent jamais. Il n'y a pas de
Paix, pas d'union commune, pas de fraternité. La ruine
et les catastrophes continuent comme toujours. C'est le
drame qui se voit aujourd'hui partout où la civilisation
scientifique l'a emporté.

Il se trouve des gens que cet avenir inquiète et qui
réfléchissent sur le caractère misérable et tragique de la
civilisation scientifique, même en Occident. Des hommes
comme Montaigne, Montesquieu, Voltaire, Rousseau,
Diderot, les Encyclopédistes, étaient leurs précurseurs en
tant que penseurs, leurs efforts ont tourné en échec. Il en
fut de même pour Kant, Schopenhauer et Hegel s'intéres-
sèrent à l'Extrême-Orient et tentèrent d'établir une conception moniste de l'univers. Mais ils ne purent l'achever
et échouèrent aussi ? Plus près de nous, Spengler, Samuel
Butler, Emerson, E. Carpenter, etc... ont prévu et prédit
que la ruine serait la fin inévitable de la civilisation occidentale, si elle ne parvenait pas à s'ouvrir sur le monde

moniste. Alexis Carrel a vu le monisme de la vie dans le domaine médical en biochimique. Bien qu'il ait aboutit au mysticisme, il avait retrouvé la grandeur de la Vitalité qui résout toutes les oppositions et contradictions en monisme, à travers leur complémentarité. Louis Kervran a découvert l'existence de la transmutation atomique par les agents biologiques, en étudiant sa spécialité, la biologie, la biochimie, la physiologie électronique. Finalement, il a découvert la signification de la parole de Thomas d'Aquin : « Toute connaissance est criminelle si l'on ne connaît pas l'origine de la vitalité ». Cependant, comme tous les scientifiques, il ne peut pénétrer ni comprendre le monisme d'Extrême-Orient, il s'impatiente dans le désespoir, cette grande découverte extraordinaire entre les mains.

Enfin, c'est le tour de W. Heitler. Il est né en 1904. A l'âge de 23 ans, il découvrit le principe de Heitler-London et il devint un grand savant de la physique théorique. Pendant la seconde guerre mondiale, il échappa au nazisme en se réfugiant en Irlande. Après la guerre il devint directeur de l'Institut de Physique de l'Université de Zurich. En 1961, une série de ses conférences fut publiée sous ce titre : « L'Homme et la Science ». La traduction anglaise en parut l'année suivante. Voici, résumée, son argumentation :

« *Cependant que la civilisation occidentale atteint un développement sensationnel, la terre se couvre de massacres, de crimes, de destructions et de catastrophes apocalyptiques, et toute l'humanité se trouve acculée dans un suicide mutuel. Pourquoi la science a-t-elle conduit l'humanité vers un destin si misérable ?* »

La réponse est très simple :

La science a commis dès le départ une grande faute. Ses fondateurs ont cru que l'Univers était dualiste, composé de matière et d'espace, et, laissant l'espace de côté, ils ont uniquement cherché l'origine de la matière dont ils avaient inventé l'unité imaginaire appelée ATOME.

Au début de ce siècle, après avoir pendant deux mille ans réchauffé dans leur sein cette entité imaginaire, ils ont approfondi leur recherche à l'aide de techniques les plus modernes, considérant cette prétendue unité de matière : l'atome, comme la matière la plus vraie, la plus réellement existante.

C'est-à-dire qu'ils ont confondu l'existence vraie et l'imagination, pour enfin découvrir que cette imagination d'un « atome » n'était qu'une fantaisie enfantine, un rêve illusoire et grossier.

La matière a réduit à « des singularités mathématiques hantant l'espace » ! (Dr Lapp : La Matière). Cette définition de la matière est une conclusion sincère et sérieuse de scientifiques, quoique cette phrase puisse sembler l'expression humoristique d'un aveu de défaite !

Au terme de sa recherche du seul monde physique, le monde de la matière, fini et relatif, la science suppose que la matière contient une énergie équivalente à $3^2 \times 10^{20}$ fois sa masse. Elle a découvert le moyen d'extraire environ un millième de cette énergie. Utilisant cette énergie, elle a inventé la bombe qui tue 100 millions de personnes en une seule explosion ! C'est ainsi que la science a presque dominé le monde, par cette violence jamais encore atteinte dans l'histoire des hommes.

Or, l'Extrême-Orient découvrit, il y a déjà 5.000 ans, LA LOI DE CRÉATION ET DE TRANSMUTATION qui domine le monde de la matière, en même temps que le monde absolu, le monde de la spiritualité et de la vie.

— La science occidentale a découvert l'aluminium au XXe siècle et ne connaît pas encore d'alliage d'aluminium. En Chine, on employait cet alliage il y a trois mille ans pour les ustensiles de cuisine. A l'école de Lao-Tse, dans la section alchimique, on fabriquait de l'or de transmutation. La science moderne est encore à la recherche de cette alchimie.

En Extrême-Orient, on a négligé la recherche du monde matériel, car on savait avant de commencer que la conquête du monde par la recherche de la matière, de l'or, n'était qu'un rêve de gloire éphémère. Des idées telles que « les phénomènes sont SUNYA, et SUNYA, c'est les phénomènes » (tout ce qui a couleur et forme est vide, le vide est l'origine des phénomènes), « le monde relatif s'évanouit comme le son de la cloche du temple », « les couleurs des fleurs passent et montrent pourquoi tout ce qui vit vieillit », « les arrogants disparaissent bientôt comme un rêve de printemps », « les violents sont balayés à la fin, comme de la poussière dans le vent... », etc., étaient des lieux communs. Ainsi la civilisation scientifique n'a-t-elle pas eu de développement en Extrême-Orient et même les scientifiques japonais modernes, ceux qui ont reçu le baptême de la science occidentale dès la jeunesse, ne la comprennent pas du tout. Les plus extraordinaires d'entre eux affirment que l'Extrême-Orient est artistique, technicien, expérimentateur, et loin de l'Occident qui est théoricien et académique.

C'est tout le contraire : l'Occident n'a pas de théorie fondamentale et considère l'accumulation des expériences, la masse des usages communs, comme objet de son étude unique. Cette science est l'empirisme du jugement aveugle. Elle n'a que des théories mécanistes, atomistes, enfantines et imaginaires, sans aucune recherche de l'origine et du mécanisme qui rend ses expériences elles-mêmes possibles. Ses vérités sont les théories de l'évolution, de l'hérédité, la gravitation, la force moléculaire, la force nucléaire, et toutes les lois et hypothèses de la science.

Ainsi, l'étude occidentale est technique, et bien différente de la recherche d'Extrême-Orient qui est la recherche d'un chemin vers l'unité, une étude indépendante, en se questionnant soi-même en apprenant par soi. Voilà pourquoi l'Occident ne peut comprendre l'origine de la mémoire, ni la vitalité qui applique le jugement dans la pratique de la vie quotidienne, quelles qu'en soient les conditions.

En conséquence, la science n'a pas d'autre aboutissement que la destruction de la vitalité. La plus grande preuve s'en voit dans la médecine moderne symptomatique, qui ne sait que détruire ou masquer ou faire permuter les symptômes. Les inventions diverses de la science qui servent à la commodité du trafic et de la correspondance, au confort de la vie, à l'économie du travail physique, à l'augmentation des plaisirs ou au contentement des désirs, ne sont rien d'autre qu'un gaspillage formidable du monde de l'espace et du temps. C'est la destruction du système de la sélection naturelle. Par conséquent, ce n'est en réalité qu'un abaissement de la vitalité de toute l'humanité et de tous les êtres vivants. La plus grande invention de la civilisation scientifique, c'est l'arme la plus meurtrière de tous les temps : la bombe H.

La méthode directrice qui a mené la science à un tel résultat redoutable, c'est la logique formelle, qui domine l'esprit occidental. Si l'on reprenait à la base cette méthode, qui n'est applicable qu'au monde physique, pour la développer en une logique universelle, qui pénètrerait le monde métaphysique aussi bien que le monde physique, tous les effets de la science prolongeraient la vie humaine, la feraient plus profonde et plus amusante, et le monde deviendrait libre et pacifique.

Le Prof. Heitler a découvert le défaut à la base de la civilisation scientifique et fait son autocritique en tant que savant de la physique théorique. Il réclame une méthode de reconstruction de la civilisation scientifique au risque d'*être chassé du monde académique scientifique, et de la société occidentale,* ce qui équivaut au bûcher de jadis.

Il indique l'unique voie pour sauver de sa fin tragique la civilisation moderne : arrêter immédiatement toutes les recherches de la science physique et porter tous les efforts sur la recherche de la métaphysique, ce qui était le point de départ de la pensée d'Extrême-Orient.

Combien est triste le chant de l'oiseau qui meurt !

Le Dr A. Carrel pousse le même cri à la fin de son œuvre « L'homme cet inconnu ».

« Nous savons combien nous avions violé les lois naturelles. Nous savons pourquoi nous sommes punis. Pourquoi nous sommes perdus dans l'obscurité. En même temps, nous commençons à distinguer à travers les brouillards de l'aube la route de notre salut. Pour la première fois dans l'histoire du monde, une civilisation, arrivée au début de son déclin, peut discerner les causes de son mal. Peut-être saura-t-elle se servir de cette connaissance, et éviter grâce à la merveilleuse force de la science, la destinée commune à tous les grands peuples du passé... Sur la voie nouvelle il faut dès à présent avancer. »

Trente ans après celle d'Alexis Carrel, l'œuvre de W. Heitler insiste d'autant plus sur la nécessité de s'orienter vers une conception universelle métaphysique, en outrepassant la science.

Pendant soixante ans de ma vie, j'ai lu plusieurs milliers d'ouvrages de scientifiques occidentaux, parmi lesquels quatre savants : Claude Bernard, René Quinton, Alexis Carrel, Louis Kervran, m'ont complètement convaincu par leur clairvoyance et leur courage. Toutefois je pense que le cinquième, Heitler, représente l'autocritique de l'Occident la plus profonde, dépassant les quatre autres visiblement.

Le Prof. Heitler conclut qu'il faut immédiatement diriger la recherche vers la métaphysique, je pense dans ce cas que l'Extrême-Orient doit se faire guide, et se proposer pour en indiquer la méthode pratique.

Heureusement, de moi-même, je m'y suis consacré depuis cinquante-quatre ans. De mon expérience, je tirerai ici l'esquisse d'un guide pour les Occidentaux, comme pour les Extrêmes-Orientaux occidentalisés et colonisés, qui ont, depuis cent ans, témérairement abandonné leur tradition millénaire, pour adopter la civilisation d'Occident.

I. Par la macrobiotique de WA (la paix) renouveler une fois tout le sang du corps en 10 jours.

Le Dʳ Dutenant, physiologue allemand dit que les globules rouges du sang humain se détruisent au rythme de 2 millions par seconde, et que tout le sang du corps se trouve entièrement renouvelé en 10 jours.

Selon le témoignage du prophète Daniel : « Ils devinrent beaux et sains après 10 jours, en mangeant uniquement des légumes secs (des céréales) et buvant de l'eau ». J'ignorais ces raisons, mais je recommandais, par ma longue expérience, de faire 10 jours de stricte macrobiotique Nᵒ 7.

Le caractère chinois WA fut moulé il y a plusieurs milliers d'années. Il découvre un coin du haut jugement, de la sagesse extraordinaire des Anciens. La paix mondiale éternelle est parfaitement symbolisée dans la figure WA qui signifie les céréales à la bouche. J'admire profondément cette capacité d'abstraction ingénieuse chez les Anciens. Ils résumaient leur observation physiologique et biologique, étendue sur plusieurs milliers d'années, et leur jugement, dans l'affirmation que la paix véritable vient par l'alimentation céréalienne. Et ils réussirent à la faire pratiquer par le peuple dans la vie quotidienne, sans le rappeler, mais sans l'oublier.

II. En pratiquant la macrobiotique de la Paix, étudier la Dialectique universelle : le P.U., l'interprétation universelle du I-KING, qui s'appelait autrefois « Le Livre de l'Empereur », et l'appliquer à la civilisation scientifique moderne.

Il est dit que le I-KING est une étude fondée par FOU-HI il y a plusieurs milliers d'années, et que c'est Confucius qui l'a rénovée il y a deux mille cinq cents ans. Confucius considère ce livre comme une révélation de la vie supérieure. « Si l'on apprenait le I-KING à l'âge de cinquante ans, il n'y aurait pas grand'faute dans sa vie ». Il étudia si bien le I-KING pendant plusieurs années qu'il en usa la reliure, qu'on dut refaire à trois reprises.

Il y a quarante ans qu'en France j'ai publié un ouvrage : « Le Principe unique de la philosophie et de la science d'Extrême-Orient », où je présentai l'application du I-KING. Cet ouvrage est réédité d'année en année jusqu'aujourd'hui — et l'édition américaine ne va pas tarder à paraître à la demande insistante de la librairie « Orient-West ».

Il y a deux ans, dans le bureau du directeur d'une société scientifique, Pfizer, j'ai dit : « Dans les kiosques de New York on vend le I-KING très communément pour 65 cents. C'est le plus fameux, le plus vieux livre du monde, le livre du principe originel de la chimie, de la transmutation atomique, ou plutôt du principe de la science et de l'éducation ». On envoya une secrétaire pour acheter ce livre, mais, bien qu'il en existe actuellement plusieurs traductions en anglais et en français, les Occidentaux ne pourront jamais comprendre l'idée dominante de ce livre. C'est qu'on a seulement transcrit le titre : I-KING, on aurait dû le traduire : « Le livre de la transmutation universelle » ou « Le livre de la transmutation atomique ».

III. I-KING est la dialectique pratique qui peut être appliquée par n'importe qui, n'importe quand et n'importe où, dans la vie quotidienne de chacun de nous. Même les enfants de l'école primaire peuvent la comprendre facilement en quelques heures. Même pour des professeurs d'université, elle est utile, comme un compas pour résoudre les problèmes difficiles de la chimie, de la physique, de la médecine, de l'économie, de la politique ou de l'agriculture. Les scientifiques soviétiques, qui surpassent les Américains dont les échecs se sont répétés dans les voyages spatiaux, avouent modestement qu'ils ne doivent leur succès qu'à leur dialectique — bien que cette dialectique universelle d'Extrême-Orient ait été mal interprétée par Marx : thèse-antithèse-synthèse, c'est-à-dire : deux produit trois, deux et trois produisent un.

IV. L'interprétation moderne du I-KING, que j'ai nommée provisoirement « dialectique pratique » sert à résoudre d'innombrables problèmes difficiles de notre époque, mais surtout, elle peut établir la Paix mondiale.

V. Cette dialectique pratique devrait être appelée « LOGIQUE UNIVERSELLE » ou « DIALECTIQUE DE LA VIE ». Elle est aussi bien applicable au monde relatif et limité qu'au monde absolu et infini, tandis que la logique formelle et la science ne sont valables et applicables qu'au monde relatif, fini, physique et éphémère. Cette dialectique pratique offre donc une issue à l'impasse mortelle où se trouve le monde dualiste, limité, relatif, et le fait déboucher sur le monde unitaire de l'infini, et de l'absolu, immédiatement.

VI. La logique formelle qui forme la structure de la civilisation scientifique moderne est un dualisme, et cette logique se base au départ sur le jugement sensoriel et la conception de la réalité selon le sens commun. Elle néglige l'intuition, l'inspiration, ou plutôt, elle ne peut les comprendre. C'est pourquoi, très souvent, les innovateurs de théories révolutionnaires ont été écartés et étouffés par l'oppression hostile, ou même tués, exécutés par la violence. Et les progrès de la science furent stoppés à chaque fois.

VII. La dialectique pratique classifie toutes les oppositions et les antagonismes selon leur qualité la plus simple : Yin ou Yang, et rend possible toutes les transmutations en montrant leur complémentarité.

Tous les contes et les légendes d'Orient tels que les Contes des Mille et une nuits, Siyuki, Ali-Baba, le Tapis volant, et les contes mythologiques, etc... ont été faits pour inculquer cette dialectique pratique si simple dans l'âme de l'homme, dès le jeune âge. Ces histoires nous expliquent que le secret qui transmute l'impossible en possible, c'est la VIE ELLE-MÊME. C'était aussi la méthode de Lao-Tse : « Faire sans agir », « vaincre sans lutter », « convaincre sans parler », « réaliser le grand dans le petit », et celle de Song-Tse « vaincre en perdant », et encore aussi l'esprit de Jésus, qui ordonne à la montagne « entre dans la mer ».

VI

CONCLUSION

Pendant cinquante-quatre ans, j'ai répandu la méthode d'éducation physiologique et biologique d'Extrême-Orient, dans le monde entier.

1° C'est la méthode la plus simple et la plus pratique, que chacun peut appliquer immédiatement, n'importe où, pour réaliser une vie amusante et longue, en établissant et contrôlant soi-même la paix du corps (la santé absolue, la longévité, l'absence d'accident, la permanence de l'équilibre) par soi-même sans jamais dépendre des autres.

2° C'est une méthode qui développe le jugement de tous, naturellement, physiologiquement et biologiquement, et qui rend tout le monde capable d'atteindre le jugement suprême, lequel juge définitivement toutes les idées, toutes les conduites et toutes les techniques.

Ces deux points sont la confirmation de l'Ordre de l'Univers et comprennent la maîtrise du P.U.. L'Ordre de l'Univers et le P.U. sont l'interprétation moderne de la Volonté supérieure de Dieu, de la Voie, de la Justice, de la Vie, qui, au long de milliers d'années, étaient devenus caducs et momifiés, idôlatrés pleins de superstition et vides de conception.

Le premier, l'Ordre de l'Univers, nous enseigne la constance de l'inconstance. Le second, le P.U. nous apprend le mécanisme de l'inconstance de toutes les existences : la transmutation incessante. Ceux qui ont définitivement adopté cette méthode d'éducation nouvelle, physiologique et biologique, et la pratiquent dans leur vie quotidienne sont plus d'un million à présent, dans le monde. Depuis quinze ans, j'ai voyagé une ou deux fois chaque année dans le monde entier, avec ma femme. Plus de dix de mes livres en français ont été traduits en une dizaine de langues étrangères. Il y a une cinquantaine de groupes d'études macrobiotiques en Amérique et en Europe. Chaque année, l'École d'été de la philosophie d'Extrême-Orient a lieu en au moins trois endroits, et plus de dix mille personnes y participent. Des revues périodiques paraissent en France, en Amérique, en Allemagne, au Brésil, en Belgique, au Vietnam. A l'école d'été, qui aura lieu au Japon pendant les mois de juillet et août de cette année, on estime qu'il y aura environ trois cents participants qui auront pratiqué la macrobiotique pendant au moins trois ans. Des instituts permanents siègent à Paris, à Boston, à New York et Los-Angelès.

Je trouve partout logement et voitures mis à ma disposition en Europe et en Amérique, même aux Indes, en Afrique au Vietnam. Au Japon, j'ai abandonné « le simple toit qui arrête la pluie » tandis que dans le monde on m'offre des appartements modernes.

C'est entièrement grâce à la méthode d'éducation physiologique et biologique. Bien que ce ne soit d'une expérience étroite et personnelle de cinquante-quatre ans, cela démontre suffisamment que cette méthode offrirait des possibilités progressives à l'infini, appliquée à de plus grands projets avec suffisamment de moyens financiers. Toutefois, il fut impossible pour moi d'élargir mes activités plus que je ne l'ai fait — je ne peux même plus suffire seul à mon courrier.

A présent, c'est votre tour !

En ce qui concerne les détails de l'application, les problèmes pratiques que posent l'éducation physiologique et biologique, et l'éducation de l'Ordre de l'Univers physique et métaphysique on devra écrire plusieurs dizaines de grands livres de plus, je vous offre plus de trois cents de mes œuvres en référence. Mais cette éducation ne peut absolument pas être comprise à moins d'être pratiquée strictement pendant au moins dix jours.

Finalement en regardant mon chemin jusqu'à l'âge de soixante-quatorze ans, je ne sens que reconnaissance qu'il m'ait été donné le plus grand bonheur. Mon bonheur a commencé par le plus grand malheur de la vie : disparition de mon jeune père, mort de la jeune mère, mort de

tous mes frères et sœurs, et la tuberculose à l'âge de
seize ans : le grand vomissement de sang... Puis ce fut la
montée de la mer des quatre grandes souffrances de
toute l'humanité : la vie, la maladie, la vieillesse, la mort,
dans le monde entier, surtout dans les pays civilisés d'Occident. C'est-à-dire que j'ai réussi par mon enseignement
de la guérison, comme le jeune Jésus qui avait eu la possibilité de diffuser son enseignement en sauvant les
malades et les souffrants. Cette réussite inespérée ne fut
réalisable que parce que la médecine officielle et toute
la société occidentale qui dépendent de la science dualiste
et rationnaliste, est absolument impuissante contre les
maladies cancéreuses, mentales, cardiaques et allergiques.
Les maladies incurables, depuis l'époque d'Hippocrate et
de Jésus, sont toujours incurables — les rhumes, rhumatismes, l'asthme, la lèpre, la calvitie, etc... — et bien d'autres maladies sont apparues, fabriquées par la médecine
occidentale. A cause de cela, ma médecine macrobiotique,
la guérison fondamentale comme la conçoit l'Extrême-
Orient, s'est répandue partout comme le feu sur l'herbe
sèche.

*
**

La conception de l'Univers en Extrême-Orient, selon
la mentalité japonaise, se cristallise en une logique universelle : c'est le Monisme polarisable. Cette conception
du monde donne la méthode qui distingue et classe tous
les phénomènes de l'univers en deux catégories : Yin et
Yang, qui transmute l'opposition et l'antagonisme de
Yin et Yang en contrôlant le mécanisme et l'énergie de
tous les phénomènes, qui réunifie Yin et Yang en Un, et
finalement transmute le tout :

Yin $\rightleftarrows$ Yang. Yin Yang $\rightleftarrows$ Un.

Cette conception a découvert l'Ordre de l'Univers à la

source de Yin et Yang et la possibilité d'action et réaction qui les oppose et les attire l'un et l'autre, l'un après l'autre.

Cette conception considère tous les phénomènes de la vie quotidienne comme les produits de la transmutation incessante infinie, cependant qu'elle est aussi un guide pour toutes les transmutations qu'on désire provoquer, car elle connaît le mécanisme de cette transmutation. C'est donc une méthode qui peut transformer toutes les oppositions, toutes les hostilités, toutes les lettres en complémentarités : Elle accepte tout, et ne néglige n'exclut, ni n'abandonne jamais rien. La vie quotidienne, la vie individuelle, ne sont que des champs pour l'exercice amusant de la technique de cette transmutation. Non seulement on y embrasse tout et n'y repousse jamais rien, mais ce sont les difficultés et les dangers, la souffrance et la tristesse, le crime et l'ignorance, qui nourrissent ce jeu amusant de la transmutation en bonheur, joie et certitude.

Dans cette perspective, tout est accepté avec joie, même les maux, même les souffrances des maladies, et jusqu'aux maladies mentales. Nous prenons la guerre comme la paix. Nous ne nous séparons de rien, ni ne vivons en réclusion. Nous ne craignons pas plus la mort que la vie. Nous aimons la laideur comme la beauté. Sans cette conception du monde, on ne pourrait pas comprendre l'idée de la paix unique dans le monde qui est Un, l'Univers qui est Un, la Vie qui est Un, la Société qui est Un, la Terre qui est Un. Nous-mêmes sommes une famille mondiale, la famille humaine.

C'est un bonheur pour les Extrêmes-Orientaux que leur mythologie d'il y a plusieurs milliers ou dizaines de milliers d'années, garde le témoignage d'ancêtres qui avaient découvert la macrobiotique de la paix, c'est-à-dire l'alimentation qui produit des hommes qui peuvent à leur tour produire une telle idée de la Paix.

Plus on réfléchit sur les usages alimentaires qui sont la cause du grand malheur de la civilisation scientifique (dont la folie produit en même temps une civilisation brillante et grandiose des armes meurtrières et des hommes insensés), plus l'existence de la mentalité d'Extrême-Orient semble un miracle.

La conception du monde, qui est la mère-matrice des cinq grandes religions des hommes, nées en Extrême-Orient, est un peu comme un grand Océan qui reçoit jour et nuit toutes sortes d'immondices, de poisons, de cadavres, et les transmute en eau pure, qui nourrit des milliers de poissons vivaces, de mystérieux bancs de corail rouge et blanc, des êtres monocellulaires semblables à des bijoux, des plantes et des animaux pluricellulaires incroyablement variés. Autrement dit, elle produit par transmutation le plus grand miracle dans l'univers : la Vie ! L'Océan est le créateur de la vie. La vieille conception orientale du monde explique tous les dualismes dans l'étude des phénomènes, leur existence et leur origine, par le principe unificateur. La pratique en est si simple que ce principe fut accepté partout, dans les pays occidentaux, comme le chemin de la santé et du bonheur, de la liberté et de la justice, même présenté par moi, sans renom ni diplôme, sans habileté, sans argent, qui ne l'ait diffusé que pendant cinquante-quatre ans, dans une langue naïve de ma fabrication.

Le plus grand savant anglais qui réclame le changement de l'orientation de la civilisation scientifique, Bertrand Russell, de l'âge respectable de quatre vingt-dix ans, le pape de Rome, qui est la plus haute autorité religieuse d'Occident, le Dr Schweitzer surnommé « le sage du siècle », Toynbee, le plus éminent critique d'Angleterre, Sartre, le penseur que la jeunesse moderne admire et même des scientifiques comme le Prof. Heitler requièrent l'arrêt de la guerre, de l'homicide massif. Depuis le premier bonze, jusqu'à la jeune bonzesse bouddhiste vietnamienne qui se sont fait brûler vifs, ils sont en tout dix-huit qui se sont sacrifiés pour la paix, et même deux Américains les ont imités en abandonnant leur famille et leurs enfants. C'est toute l'humanité qui désire profondément la paix. Et personne ne connaît le principe ni la technique pour la réaliser, et chaque jour, 10 milliards de Yen sont dépensés pour massacrer des femmes et des enfants absolument innocents.

C'est maintenant que je voudrais demander aux leaders du monde entier, en collaboration, d'expérimenter sur leur propre personne cette conception du monde de l'Extrême-Orient, qui date de cinq mille ans. C'est le point important de la politique, qui fera oublier à tous, parce qu'ils seront dans la paix parfaite, les lois et les rois, qui fera que le peuple restera en sécurité totale dans la liberté. C'est une méthode d'éducation de la vie quotidienne qui réalise la paix profonde à partir des individus des familles, des pays, jusqu'au monde entier. C'est la méthode macrobiotique de paix pour tous, n'importe quand, n'importe où. C'est l'éducation physiologique et biologique millénaire d'Extrême-Orient, laquelle est l'unique chemin d'évasion du malheur, et le plus direct et facile.

Je demande vivement qu'on corrige les défauts de cette méthode macrobiotique de la paix telle que je l'ai diffusée tout seul, sans aide, pendant cinquante-quatre ans, jusqu'à l'âge de soixante-dix ans. Qu'on la complète et qu'on diffuse cette voie vers la Paix éternelle, ouverte pour la première fois dans l'histoire du monde entier.

Ma méthode d'éducation chasse toutes les méthodes habituelles. Les formes actuelles d'éducation sont non seulement inutiles mais encore nuisibles. La preuve en est qu'il y a sans cesse plus de crimes, plus de maladies, plus de malheurs dans les pays où s'étend l'éducation — ces preuves sont innombrables : un médecin japonais qui diffuse le microbe du typhus à Tokio, les bombardements aériens qui tuent une centaine d'enfants et de femmes innocents et doux, toutes les trente minutes, la bombe H, qui peut si l'on veut, tuer 100 millions de personnes d'un coup, la thalidomide qui a fait naître plusieurs milliers d'enfants monstrueux, etc... Les chiens ni les petits oiseaux ne reçoivent d'éducation scolaire, toutefois il n'y a ni jeunesse criminelle, ni vols, ni malade chez leurs enfants !

J'insiste sur la nécessité d'une éducation totalement nouvelle : C'EST L'ÉDUCATION DE LA VOLONTÉ QUI COMMENCE AVANT TOUT PAR DONNER FROID ET FAIM.

TABLE DES MATIÈRES

Quelques Centres Macrobiotiques dans le monde

Allemagne	Macrobiotic Center of Berlin, Schustherusstr, 26 - 10585 BERLIN-CHARLOTTENBURG
Angleterre	Ohsawa House, 3 Hamsey Close – BRIGHTON – BN2 5 GQ
	Macrobiotic Association of Great Britain - 377 Edgware Road - LONDON W2 1BT
Argentine	Macrobiotica Universal, Paraguay 858 - 1057 BUENOS AIRES
Belgique	Den Teepot, 66 rue des Chartreux - 1000 BRUXELLES
	Centre Kimura, Predikherenlei 12 - 9000 GENT
	Oost-West Centrum, Conscience St.. 44 - 2000 ANTWERPEN
Brésil	Instituto Principo Unico, Plaça Carlos Gomez 60, 1er Andar, Liberdade - SAO PAULO
Espagne	Ruiz Roman, c/ Ave Maria n° 3, 46901 TORRENTE Valencia
	Vincent Ser, 2 General Mola -Olivar 1 - 46940 MANISES, Valencia
France	CIMO, 8 rue Rochebrune - 75011 PARIS
	Cuisine et Santé Macrobiotique, Pont de Valentine - 31800 ST GAUDENS
	Terre et Partage, 4 place de l'Eglise - 67140 REICHSFELD
Guadeloupe	Michèle Weinsztok, Centre Macrobiotique, 58 rue Frébault – 97110 POINTE À PITRE
Grèce	Centre Macrobiotique Hellénique, Vatatzi 25 – 11472 ATHENES
Hollande	Institut Kushi d'Europe, Weteringschans 65 - 1017 RX AMSTERDAM
Italie	Un Punto Macrobiotico, 9 via San Nicola, 62029 TOLENTINO
Israël	Macrobiotic Jerusalem, P.O. 618 - JERUSALEM 91006
Japon	Nippon C.I., 11-5 Ohyamacho, Shibuya-Ku - TOKYO 151
	Osaka Seishoku, 2-1-1 Uchiawaji-Cho, Chuo-Ku - OSAKA 540
Liban	MACRODETTE (AGHAJANIAN) - rue Sassine - Achrafieh - BEYROUTH
Portugal	Instituto Macrobiotico de Portugal, rua Rodrigo da Fonseca 2 - 2° - 1250 LISBONNE
Roumanie	Liana Begu – 22 Blvd Mihai Viteazul – 1900 TIMISOARA
Suisse	International Macrobiotic Institute - 3723 KIENTAL
	Hubert Descamps, "La Trovata" ; via Vinera – 6986 NOVAGGIO
	Le Grain de Vie, 9 chemin sur Rang - 1234 PINCHAT (Canton de Genève)
	Le Petit Paradis, Place du Petit-Paradis – 1700 FRIBOURG
Tchécoslovaquie	Makrobioklub, Mlynská 659 - 518 01 DOBRUSKA
Uruguay	Mauricio Waroquiers - Sierra Vista - CC 52080 - (20000) MALDONADO
USA	Kushi Institute, P.O. Box 7 - BECKET, MA 01223
	GOMF, P.O. Box 3998 - CHICO, CA 95 927 - 3998
	Vega Study Center, 1511 Robinson St. - OROVILLE, CA.95965
Vietnam	Ohsawa House, 390 Dien Bien Phu, Binh Thanh, Thanh Pho, HO CHI MINH
Yougoslavie	Srecko Milicevic, Custendilska 30 – 11060 BELGRADE